Ursula Kraus

Spiel-„Turnen“

Psychomotorische Bewegungsstunden für Kindergarten, Schule, integrative Kleingruppen

Ursula Kraus

Spiel-„Turnen“

Psychomotorische Bewegungsstunden
für Kindergarten, Schule,
integrative Kleingruppen

verlag modernes lernen

Unser Buchprogramm im Internet
www.verlag-modernes-lernen.de

Veröffentlicht in der Edition:
verlag modernes lernen Borgmann GmbH & Co KG • Schleefstraße 14 • D-44287 Dortmund

Gesamtherstellung: Löer Druck GmbH, Dortmund

2. Aufl. 2015

Bestell-Nr. 1240 ISBN 978-3-8080-0652-8

Inhalt

„Psychomotorik – das hört sich so krank an“, sagten manche. So kam es zu dem Namen „Spiel-Turnen“ – und da gehen die Kinder gerne hin!

1. Der Unterschied – Sportunterricht – psychomotorische Bewegungsstunde

Das eine schließt das andere nicht aus. Der Idealfall wäre ein psychomotorischer Sportunterricht. Den gibt es allerdings sehr selten.

In der der Schule geht es um die erbrachte, ersichtlich messbare Leistung eines Kindes, um das Erlernen von vorgeschriebenen Bewegungsabläufen, genormte Leistungen und das Einhalten des Lehrplanes, der für jedes Kind gleich gilt.

Ein Beispiel: Bockspringen
In einer Sonderturngruppe war ein 11-jähriges, ziemlich rundes Mädchen. Es war immer mit großem Eifer bei der Sache, aber aufgrund des kompakten Körpers gelang ihm die gestellte Bewegungsaufgabe nicht. Die Aufgabe hieß: Kräftiger Anlauf mit punktgenauer Landung auf dem Sprungbrett, beidfüssiger Absprung, Hände aufstützen, Beine grätschen und über den Bock springen, dahinter mit geschlossenen Füßen sicher landen. Danach wurde die Benotung gegeben. Dieses Mädchen konnte einfach nicht kräftig anlaufen, dann das Gewicht des Körpers nach oben stemmen und die Koordination für eine Grätsche fehlte. Zunächst war das Kind total verzweifelt, die anderen lachten – Rückzug! Es gelang mir, diesem Kind Mut zu machen und den anderen zu erklären, welche Anstrengung es vollbrachte, wenn es „nur“ auf dem Bock zu sitzen kam. Nach langem Üben saß es oben – und strahlte. Für die Sportzensur sollte das aber nur ein „ungenügend“ geben. Ich konnte erreichen, dass es ein „befriedigend“ wurde, weil die Kolleginnen und Kollegen sich von meiner psychomotorischen Sicht überzeugen ließen: Für dieses Kind war diese Leistung voll befriedigend und tapfer erarbeitet. Das Ergebnis entsprach seinen Möglichkeiten.

Im Sportverein ist die Abteilung mit den meisten Pokalen und vorderen Plätzen die beste. Ich war fast 20 Jahre Übungsleiterin für Kinder- und Jugendliche. Meine erste Ausbildung war die Übungsleiter-Ausbildung vom DSB, die eine fundierte Grundlage darstellt. Nach ein paar Jahren machte ich die Sonderturn-Ausbildung für haltungsgefährdete Kinder und Jugendliche. In dieser Ausbildung wurde orthopädisches und medizinisches Wissen vermittelt. Wenn ich die Kenntnisse, die ich dort erwarb, vorher gehabt hätte, hätte ich vieles anders gemacht!

Beispiel: Bogengang
Meine Tochter war ein ungemein gelenkiges Kind. Sie konnte ohne große Mühe sich rückwärts biegen und den Kopf zum Po führen. Neue Bewegungen sah sie sich einfach ab und führte sie aus. Die besten Voraussetzungen für ein Leistungsturnkind! In der Ausbildung zum Sonderturnen allerdings wurde betont, wie wichtig die orthopädische Abklärung für extreme Leistung ist. Bei meiner Tochter stellte sich eine angeborene Bindegewebsschwäche einhergehend mit schwachen Bändern heraus. Hätte ich das nicht gewusst, wäre sie zum Leistungsturnen gekommen und wahrscheinlich schon bald mit Wirbelsäulenschaden ausgeschieden.

Erst dann widmete ich mich der Psychomotorik, was mein Denken völlig umkrempelte.

Nicht eine messbare Leistung zählt, sondern der Mensch in seiner Gesamtheit mit all seinen individuellen Möglichkeiten, seiner Kreativität.

Diese Erkenntnis setzte ich im Vereinsturnen mit Kindern von 3-6 Jahren um. Es musste viel Überzeugungsarbeit bei den Eltern und Vereinsmitgliedern geleistet werden, was mit Videofilmen und Elternabenden gelang. Die begeisterten Kinder, die mit leuchtenden Augen und völlig verschwitzt aus den Übungsstunden kamen, sprachen für sich. Durch die offene, spielerische Arbeitsweise – jedes Kind hat eigene Möglichkeiten, eine Bewegungsaufgabe zu bewältigen – entwickelten sich die Kinder zu sehr selbständigen und selbstbewussten Gruppenmitgliedern. Auch ein nicht so geschicktes Kind konnte Erfolge verbuchen und wurde nicht ausgelacht oder gar nach hinten gestellt und blieb deshalb dann lieber zu Hause. Aus dem gewachsenen Selbstbewusstsein stellte sich dann bei einigen Kindern der Wunsch ein, auch am Leistungsturnen teilzunehmen.

Beispiel: Parcours
Die Turnhalle ist stets so „bebaut“, dass sich Bewegungsmöglichkeiten und Anreize von allein bieten. Wer hoch hinaus will, kann hohe Aufbauten wählen – wer lieber näher am Boden bleibt, hat die gleichen Möglichkeiten. Denn z. B. beim Ziehen in der Bauchlage auf einer Langbank ist es völlig egal, wie hoch diese Bank angebracht ist. Es kommt ja auf die Koordination und das Training von Arm-, Schulter- und Rückenmuskulatur

an. Und die wird auch auf ebener Fläche gebildet. (Natürlich erschwert eine schräge Ebene die Sache – ist aber nicht für jedes Kind machbar.) Mit psychomotorischem Hintergrund ist also ein Trainingsparcours immer so gebaut, dass mehrere Möglichkeiten zur Verfügung stehen und individuell gewählt werden können. Keine Lösung, die das Kind selber findet, ist falsch.

Als Erzieherin zunächst im Kindergarten und später im Deutschen Taubblindenwerk konnte ich psychomotorisch arbeiten und zwar nicht nur in einer speziellen Stunde in der Woche, sondern grundlegend und im Tageslauf integriert. Darüber kann man in „Mit Hand und Fuß über Tisch und Stuhl“ oder „Im Schneckentempo“ nachlesen.

In letzter Zeit wird vermehrt auf die Weiterbildung von Erzieherinnen und Erziehern im Krippen- und Krabbelbereich Wert gelegt. Obwohl die offiziellen Angebote der Psychomotorik bei ab 3-jährigen Kindern ansetzen, versuche ich in Mitarbeiter-Workshops und Kursen für Erzieherinnen und Erzieher auch für die Kleinsten den psychomotorischen Ansatz zu vermitteln.

Es wird ja von der Chance auf eine möglichst frühe Förderung gesprochen. Wichtig ist aber, dass daraus nicht möglichst frühe Forderungen entstehen. In diesem Bereich bietet sich die Möglichkeit, schon sehr früh zu beobachten, wie sich die Kleinen entwickeln und welche Begabungen und Vorlieben sie zeigen.

Psychomotorik beginnt im Kopf. Ich muss bereit zum Umdenken sein. Nicht das Ergebnis einer Leistung zählt, sondern der Weg dahin, die Freude daran, der Sinn und die Kraft, die daraus entsteht und nicht eine, sondern viele Möglichkeiten des Gelingens aufzeigt. Am Anfang steht immer die Frage:

„Was ist vorhanden, worauf kann man aufbauen?“ Die Stärken – und seien sie noch so klein – werden gestärkt und dadurch die Schwächen schwächer.

1.1 Ziele der Psychomotorik

Die Psychomotorik hält eine Vielzahl von Spielideen und Bewegungsanreizen bereit, bei denen die Kinder ihren Themen Ausdruck geben und neue verändernde Erfahrungen machen können. Es geht nicht darum, die Kinder zu verändern, zu behandeln oder zu analysieren. Die Psychomotorik vertraut auf die Selbstentfaltungskräfte der Kinder, wenn ihnen ein entsprechender Entwicklungsraum zur Verfügung steht, in dem sie sich ausprobieren und angstfrei bewegen können.

Ziel ist, die Kinder über spielerische Bewegungs- und Wahrnehmungserfahrungen in ihrer Persönlichkeit zu fördern. Ausgehend von der engen Verbindung zwischen Körper und Seele werden die Kinder zu selbsttätigem Umsetzen von kreativen Spielideen angeregt, Erfolgserlebnisse stärken die Handlungskompetenz und das Selbstvertrauen.

Möglichst wird in Kleingruppen gearbeitet, die den Aufbau sozialer Fähigkeiten sowie die individuelle Begleitung jedes Kindes mit seinen Stärken und Schwierigkeiten ermöglicht. Ein hyperaktives Kind benötigt z. B. ein anderes Angebot und eine andere Sprache als ein ängstliches Kind.

Die Stärken werden hervorgehoben – nicht die Schwächen. Besonders Kinder, die häufig negative Erfahrungen mit sich und dem eigenen Körper machen, haben die Möglichkeit, neue Seiten an sich zu entdecken und angenommen zu werden. Das trägt zum Erlangen eines positiven Selbstwertgefühles bei. (Auszug aus www.psychomotorik-entspannung.de)

In jeder Stunde sollten die Kernpunkte der Psychomotorik zum Tragen kommen:

- Körper- bzw. Selbsterfahrung
- Materialerfahrung
- Sozialerfahrung

Diese Ziele lassen sich bestens mit einem „normalen" Bewegungsangebot und Sportunterricht vereinen.

Daran lässt sich anknüpfen und nach den Leitsätzen der Psychomotorik anleiten:

- den eigenen Körper kennen zu lernen
- Vertrauen zu sich selber zu finden
- die eigenen Kräfte bewusst einzusetzen
- Probleme zu lösen
- Mut zu eigenen Lösungen zu haben
- Handlungsfähigkeit zu erlangen
- Freude an der Bewegung zu haben
- mit anderen zusammen leben zu können
- neugierig zu bleiben

Alles zusammen ermöglicht ein erfülltes Leben, bildet die Grundlage für ein gutes Sozialgefühl und Umgang mit anderen Menschen. Gerade Letzteres rückt in der heutigen Zeit immer stärker in den Hintergrund. Durch die Veränderungen im kindlichen Umfeld und den Einzug der Technik gehen die gemeinsamen Spiele mehr und mehr zurück. Mit dem Computer braucht niemand zu sprechen oder Regeln auszuhandeln – alles ist vorgegeben. Man muss nur reagieren und entsprechende Tasten drücken.

Das ist Realität und zeitgemäß wichtig, aber Ausgleichs-Beschäftigungen müssen verstärkt im Kindergarten, dem Unterricht im Klassenraum, der Sporthalle und im Alltag geboten werden. Die Kinder haben zwar ein überaus starkes Technikinteresse, die Fähigkeiten in Grob- und Feinmotorik, Handgeschick, Ausdauer und Kreativität gehen zurück. Die Einschulungstests für diese Gebiete sprechen eine deutliche Sprache. Dabei gibt es so viele Wege und Möglichkeiten!

Themen der Kinder heute können sein: Brutalität, Angst vor einer Gruppe, Leistungsdruck, mangelnde Kommunikationsfähigkeit, Resignation, Übergewicht, Lese- und Schreibschwäche, allgemeiner Bewegungsmangel, Bewegungsunlust.

Diese Themen können nicht in nur 2 Sportstunden, die dann auch oft noch ausfallen, aufgegriffen werden. Mein Traum ist, dass es in jedem Kindergarten und jeder Schule psychomotorisch bewanderte Menschen gibt, die Anforderungen des Lehrplanes so individuell gestalten können, dass Bewegung nicht nur in der Turnhalle, sondern im Gruppen- bzw. Klassenraum stattfindet. Es ist längst wissenschaftlich bewiesen, dass Lernen und Bewegen in enger Verbindung stehen!

Bewegung ist Leben! Nur durch „darauf zu bewegen“ erschließt sich die Welt. Nur ein Kind, das seine körperlichen Fähigkeiten kennt und einschätzen kann, geht selbstbewusst auf Neues zu und erobert so seine Lebenswelt. Es erkennt seine Grenzen, verzweifelt aber nicht an ihnen.

Eine unvollkommene Körperbeherrschung kann aber auch auf Störungen der Sinnesorgane hinweisen. Vielleicht hat ein „Stolperjahn“ einen noch nicht erkannten Sehfehler oder Gleichgewichtsstörungen durch einen nicht festgestellten Innenohrdefekt. Oder ein ängstliches Kind, das jedes schnelle Laufen vermeidet, hat eventuell ein eingeschränktes Sehfeld.

Auf jeden Fall sollten Bewegungsauffälligkeiten immer hinterfragt und medizinisch abgeklärt werden.

1.2 Ablauf einer Stunde

Der Ablauf der Stunden hat einen festen Rahmen, begründet in der Bedeutung von Ritualen für die Beziehungs- und Lernfähigkeit. Die Schwerpunkte wechseln und lehnen sich an den Themen der jeweiligen Jahreszeit an, da auch die Angebote in Kindergarten und Schule sich daran orientieren. Die psychomotorische Stunde bietet somit eine motorische Ergänzung zu kognitiven Angeboten in Beschäftigungsangeboten und im Unterricht.

Die frei gestellten Bewegungsangebote ermöglichen, die Kinder gut zu beobachten und festzustellen, welche Voraussetzung, Vorlieben und Stärken vorhanden sind. Immer ist die Möglichkeit zu Einzel- und Gruppenerfahrung möglich.

Die/der leitende Erwachsene begleitet die Kinder und begegnet ihnen respektvoll als gleichwertige Personen. Voraussetzung ist, auf die Signale der Kinder zu achten, darauf einzugehen und Vertrauen zu schaffen.

Ein wiederkehrender Rahmen mit Musik und eine über einen längeren Zeitraum gleich bleibende Hallenaufteilung ist die Basis jeder Stunde. Das besondere, ständig wechselnde Angebot nenne ich den „Bonbon".

Für diese Bewegungsstunden ist es erforderlich, die Halle vorher – ohne die Kinder – vorzubereiten, damit der Überraschungseffekt zur Bewegungsmotivation wird.

Nötig sind auch Regelabsprachen für einen Ordnungsrahmen

1. (und immer gültig!) Jeder ist für jeden verantwortlich.
2. Wenn ich mich in die Mitte der Halle setze, gibt es etwas zu besprechen – alle sollen kommen!
3. Geräte für schnelles Bewegen (Rollbretter z. B.) dürfen nur in dem dafür bestimmten Raum benutzt werden und müssen nach dem Spielen mit den Rädern nach oben an den Rand gelegt werden.

1.2.1 Die Halle

Hallenaufbau (s. Skizzenvorschlag)

Dort, wo die Sprossenwände angebracht sind, entstehen je nach Phantasie Berge zum Kullern und Rollen und eigenständigem Erklimmen. In einer Ecke liegen Matten und Decken und verschiede Materialien zum Massieren bzw. Abrollen, was von den Kindern gern als Entspannungs- und Ruhepol angenommen wird.

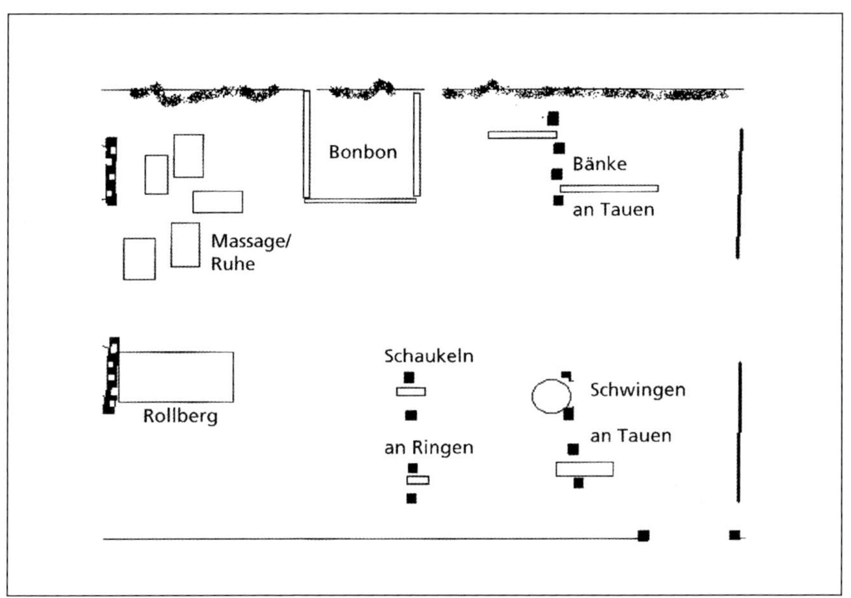
Bonbon
Bänke
an Tauen
Massage/
Ruhe
Schaukeln
Schwingen
Rollberg
an Tauen
an Ringen

Der „Bonbon“ ist verpackt mit einem großen Schwungtuch (Wenn nicht vorhanden, lässt sich aus 4 Betttüchern sehr gut ein solches herstellen)! Ein abgegrenzter Bezirk – in meiner Halle meistens durch Langbänke – ist dafür reserviert. Das Material für dieses Angebot steht zwar griff bereit, aber so, dass es die Kinder nicht zu früh entdecken. Auch wenn Selbständigkeit ja das höchste Ziel der Erziehung ist, so geht es in dem Bonbon um Gemeinsamkeit.

Auf der einen Hallenseite reizt der Aufbau zum Schaukeln und Schwingen an Ringen, Tauen oder in Hängematten usw. – der Erfindungsgabe sind keine Grenzen (höchstens Sicherheit) gesetzt. Kleine Veränderungen entstehen durch das Thema des „Bonbons“.

Um den lebhafteren Kindern die Möglichkeit zum „Dampf ablassen“ zu geben, stehen Rollbretter bereit, mit denen sie erst einmal hin und her fahren dürfen. Vielleicht sind Verkehrshütchen vorhanden, um eine Bahn abzustecken, damit das Aufpassen leichter wird.

In dieser Phase können die ruhigen oder ängstlicheren Kinder sich in der Mattenecke als Zuschauer bewähren.

Das „Ankommen“ wird die ersten 5 Minuten ausfüllen und mit dem Einsetzen der Musik beendet.

1.2.2 Beginn

Wir beginnen die Stunde gemeinsam mit Musik. Ich persönlich bevorzuge die Kindertänze von fidula-fon, weil sie klar strukturiert sind – auch wenn sie schon sehr lange auf dem Markt sind. Natürlich könnten die Kinder auch ihre Lieblingsmusik mitbringen!

Die erste Musikeinheit sollte die Möglichkeit zu freier Bewegung einzeln bieten, damit jeder den Raum nach seinem Bewegungsempfinden wahrnehmen kann. Einzelne Musikstopps werden zur gegenseitigen Begrüßung genutzt. Ich verwende z.B „Bitte gib ein Zuckerstückchen für mein kleines Pony". Es ist aufgeteilt in einen Text- und einen Instrumentalteil. Das kann jedes Kind klar erkennen. Ich gebe dann z. B. nur noch vor, dass wir zum Text allein herum laufen und zur Musik uns zu zweit „irgendwie" bewegen. Zunächst sehen sich die Kinder meistens ab, was ich mache, aber schon bald erfinden sie eigenständige Möglichkeiten.

Der Übergang zu gemeinsamen Tun entsteht durch die „ Bellabimba" – einen Kreistanz, den man von ganz einfach bis schwierig gestalten kann. Durch die Kreisbildung können sich nun alle Kinder sehen.

Den Kreis löse ich auf mit dem Lied „Eine lange Riesenschlange ..." und wir winden uns aneinander, durcheinander, so dass enge Berührungen entstehen und zum Schluss der berühmte Knoten, den es dann zu lösen gilt, was immer wieder Freude macht!

1.2.3 Freie Bewegung

Zu leiser Hintergrundmusik (ich benutze sie gern, weil dadurch ein Zeitmaß entsteht und allein durch die Musik Anfang und Ende bestimmt werden kann) suchen sich die Kinder nun die Angebote, die sie erproben wollen.

In dieser Phase ist die „Leitung" besonders gefragt, weil es nicht wie sonst üblich um konkrete Anleitung geht, sondern um das Begleiten des Kindes. Hier muss besonders auf die Bedürfnisse der Kinder geachtet werden und auf ihre Signale nach Hilfe und Anerkennung eingegangen werden. Nur so entsteht das Vertrauen, das den Kindern Sicherheit vermittelt und sie zum Erproben ermutigt.

Einige, wenige Regeln müssen vorher klar gestellt werden: Rücksichtnahme vor allem. Ich habe gute Erfahrung damit gemacht, dass ich mich auf den Boden in der Mitte der Halle setze, als Signal, dass ich den Kindern etwas mitteilen möchte. So benötig man keine Trillerpfeife oder muss durch die Halle rufen.

Bei diesem Angebot kann ich sehr gut die Fähigkeiten der Kinder beobachten und evtl. nötige Korrekturen anbieten (z. B. wenn ein Kind stets nur die gleichen Angebote auf die gleiche Weise benutzt, was ein Hinweis auf fehlendes Selbstvertrauen, neues zu erobern, schließen lässt und motorische Schwächen erkennen lässt). Anderseits haben die Kinder hier die Möglichkeit, viel voneinander zu lernen und sich gegenseitig zu helfen.

Ihre Pausen nehmen sich die Kinder nach Belieben in der Mattenecke. Dort dürfen sie einfach nur verschnaufen oder aber sich zu zweit mit einem Ball, Ballon oder anderen Dingen abrollend massieren.

Danach wird der Bonbon ausgepackt – die Inhalte sind gesondert zu lesen. Die Ideen können auch sehr gut ohne ein Rahmenprogramm im Gruppenraum des Kindergartens angeboten werden.

Hier geht es um gemeinsames Erkunden und Experimentieren mit Materialien auf engem Raum. Auf jeden Fall wird darauf geachtet, dass ausreichend Zeit gewährt wird und erst, wenn die ersten Zeichen von Ermüdung oder Unlust auftreten, gehe ich zum Abschluss über.

1.2.4 Der Schluss

Während die Anfangsmusik auch wechselt, ist bei mir seit Jahren der „BINGO" von fidulafon die Schlussmusik. Es handelt sich eigentlich um einen Tanz, für den fidulafon auch eine Anleitung gibt. Aber bei mir wird dieser Tanz umfunktioniert. In Kreisform – weil sich dann alle gut sehen können – variiert die Ausführung. Mal bewegen wir uns im Stehen, mal im Sitzen oder Liegen. Hier lässt sich sehr gut noch einmal eine kleine Gymnastikeinheit für Rücken, Bauch und Beine einbauen.

Zum Text (ziemlich einfach!):
„Da war ein Farmer, der hat` einen Hund. Da war ein Farmer, der hat` einen Hund, Bingo war sein Name" – wird wiederholt – gehen wir angefasst im Kreis einmal nach rechts und einmal nach links.

„B-I-N-G-O, B-I-N-G-O, Bingo war sein Name" (Schnell gesprochen)
im Stehen wird dazu geklatscht, gestampft oder sonst etwas ausgedacht.

„B - I - N - G - O" langsam Buchstabe für Buchstabe gesprochen – zu jedem Buchstaben gehen wir einen Schritt in den Kreis und bei „O" schnell nach außen. Auch hierzu kann man sich viele Variationen ausdenken, wie man in den Kreis hineinkommt: hüpfen, auf Zehenspitzen, auf Fersen usw.

Diese beiden Tanzteile lassen sich hervorragend auch im Sitzen oder Liegen ausführen.

Nach dem BINGO ist allerdings noch nicht wirklich Schluss. Es ertönt noch eine Zirkusmusik (für die Manegenarbeiter), zu der alle gemeinsam aufräumen.

2. Ideen-Kiste für die „Bonbons“

Da der Jahreslauf unser Leben bestimmt, orientiere ich mich bei meinen Angeboten daran. Die Psychomotorik geht immer von der Gesamtheit des Menschen aus und ist bestrebt, alle Sinne anzusprechen. Kinder sind dafür noch viel aufnahmebereiter und bestimmter als wir Großen. Wir trennen sehr häufig Kopf und Körper in unserem Leben. Ein Kind kann das Gott sei Dank noch nicht. Es lebt im Ganzen. Und diese Tatsache liegt den Angeboten eines psychomotorisch ausgerichteten Bewegungsraumes zu Grunde.

Bei der Langzeitplanung der Stunden stelle ich mir die Fragen entsprechend der Jahreszeit:

- Was ist zu sehen?
- Was ist zu hören?
- Was ist zu fühlen, zu spüren?
- Welche Tätigkeiten stehen im Vordergrund?
- Wie bewegt man sich?
- Welche Materialien passen?
- Welche Musik wähle ich?

Immer geht es um das systematische Abklopfen von Didaktik und Methodik und um Spurensuche in meiner kleinen Erfahrungskartei, die sich zwar an allgemein üblichen Angeboten orientiert, aber viel individueller ausfällt. Häufig ergeben sich auch aus vorangegangenen Stunden durch Anregungen der Kinder neue und weitere Themen, was mir besonders am Herzen liegt.

Auch Wiederholungen sind wichtig, denn nur durch Wiederholungen festigen sich Erlebnisse und Erfahrungen. Nur durch Erfahrungen bilden sich im Gehirn abrufbare „Muster“ von Bewegungen und Verhalten – positive wie negative. Deshalb muss durch möglichst viele Erfolgserlebnisse sich eine positive Einstellung zum Körper und seinen Bewegungen und seinen eigenen Fähigkeiten einstellen.

Es gilt also stets der bewährte Ansatz, der Überforderungen vermeidet:

- Vom Leichten zum Schweren
- vom Bekannten zum Unbekannten
- Loben statt Rügen
- konstruktive Kritik üben
- zu Lösungsmöglichkeiten anleiten

- für jedes Kind Anreize finden
- jedes Kind sehen!

Alle Angebote sind mit kleinen Änderungen auch für die Kleinsten geeignet, wenn wenigstens zwei Erwachsene dabei sind.

3. Im Frühling

Es ist die am meisten herbei gesehnte Jahreszeit nach den Wintermonaten.

Der Hallenaufbau passt sich den Überlegungen zur Vorbereitung an.

Es gibt viele Schaukel-Möglichkeiten.
Aus einer Landbank und einem kleinen Kasten wird eine Wippe gebaut.
Eine Langbank auf Gymnastikstäben bietet ein schönes Hin- und Herrollen.
Wir versuchen, die Turnhalle zum Spielplatz zu machen – und wenn es das Wetter erlaubt, gehen wir nach draußen.

In der Halle werden mit Wolldecken Nester gebaut und laden zu Pausen allein oder zu zweit ein.

In dem Hallenteil für die lebhafteren Kinder stehen Pedalos, Rollbretter, Dreirad und evtl. Rollschuhe bereit.

Zwischen den Tauen gibt es Minitrampoline, auf den gehüpft werden kann und die Kinder sich an den Tauen festhalten können.

Es ist insgesamt viel Raum zur freien Bewegung vorhanden.

3.1 Gedanken zum Thema

Was ist zu sehen?
- Die Tage werden länger, es ist morgens schon hell
- die Sonne scheint öfter
- Blumen blühen
- Knospen an den Bäumen
- schneller Wechsel von Regen und Sonne
- erste Bienen fliegen
- Vögel bauen Nester

Was ist zu hören?
- Vogelgezwitscher
- Regentropfen und Gewitter
- Trecker fahren zum Feld
- Motorräder werden erprobt

Was ist zu fühlen und zu riechen?
- Die Sonne ist schon warm

- in dicker Kleidung schwitzt man
- Blumen duften
- die Erde ist feucht und in der Sonne warm

Welche Tätigkeiten stehen im Vordergrund?
- Gartenarbeit
- draußen spielen
- spazieren gehen
- sich schon einmal sonnen
- Ostereier anmalen
- Zweige schmücken

Wie bewegt man sich?
- Flottes Gehen
- fröhliches Hüpfen
- Schaukeln
- auf dem Spielplatz turnen
- im Sandkasten buddeln
- auf Bäume klettern
- Rad, Roller, Kettcar, Bobbycar usw. fahren

Welche Materialien eignen sich?
das überlege ich zu den einzelnen Themen

Welche Musik wähle ich?
- Frühlingslieder
- Klassik
- Entspannungsmusik

3.2 Angebote

3.2.1 April-Wetter

Material: Papier

Lieder: Regen, Regen tropf, tropf, tropf – fall auf meinen Kopf, Kopf, Kopf, fall auf meine Hand, Hand, Hand – fall aufs ganze weite Land …

Es regnet, es regnet, es regnet seinen Lauf – und wenn's genug geregnet hat, dann hört`s auch wieder auf!

Liebe, liebe Sonne – komm ein bisschen runter! Lass den Regen oben, dann wollen wir dich loben! Einer schließt den Himmel auf: Kommt die liebe Sonne raus!

Alle sitzen in der „Bonbon-Ecke" und bekommen ein Blatt Papier. (Schreibmaschinen- oder Computerpapier ist besonders gut, weil es fester ist, es geht aber auch Papier aus dem Blumengeschäft oder Zeitungspapier) Das Papier wird entsprechend bewegt.
„Der Wind weht ganz leicht. Unser Papier bewegt sich. Der Wind wird etwas stärker, das Papier flattert. Der Wind legt sich. Das Papier sinkt bis auf unser Oberschenkel. (Das wird einige Male wiederholt)
Der Himmel wird grau und dunkel. Eine Regenwolke öffnet sich:
1 Finger tropft – tipp – tipp – tipp –
2 Finger tropfen tipp, tipp … weiter bis alle Finger sich bewegen und es richtig pladdert.
Der Regen hört genau so langsam auf, wie er begonnen hat. Es wird wieder hell.
Die Sonne scheint. Jetzt können wir uns ausruhen. – Pause –
Es wird aber noch nicht so warm wie im Sommer. Der Boden ist noch zu kühl. Wir legen das Papier unter unseren Körper – und würden am liebsten einschlafen.

Da wird der Himmel wieder dunkler. Uns wird kalt. Wir müssen uns zudecken.
(Es wird noch ein weiteres Blatt Papier verteilt)
Ja, so ist es wärmer. Wenn man seine Hände über dem Bauch auf das Papier legt, spürt man, wie es noch wärmer wird … (wenn genügend Erwachsene zur Verfügung stehen oder die Gruppe klein genug ist, kann ein Erwachsener nun über dem Papier ein wenig streicheln).

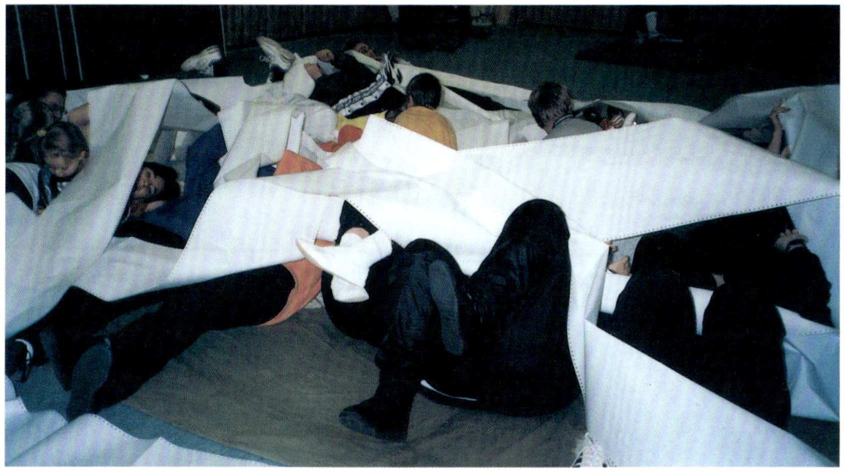

Aber, was ist das?! Es beginnt schon wieder zu regnen… (Jetzt tippen alle auf das Papier auf dem Bauch.) Oh weh, es wird immer dunkler, es regnet immer stärker. Wir müssen uns hinsetzen und uns unter dem Papier ganz klein machen (das Blatt wird über den Kopf gehalten) Jetzt blitzt und donnert es sogar! (Das Papier wird ganz heftig bewegt mit beiden Händen und plötzlich zusammen geknüllt)
Nun ist es ganz still, der Regen hat aufgehört, der Wind weht nicht mehr. Die Sonne kommt wieder. Wir können uns wieder ausruhen.“ (Entweder massiert ein Erwachsener oder die Kinder sich im Wechsel gegenseitig mit den Papierbällen)

3.2.2 Bunte Blumen

Material: Für diesen „Bonbon“ sind Fingerfarben, Wasserschalen, Handtücher und alte Tapetenrollen bereit gelegt, auch ein paar Korken und Pinsel. Der Boden ist mit Folie abgedeckt.

Wir singen alle zusammen das Frühlingslied:
„Blüht ein Blümlein, blüht ein Blümlein in dem Winterwald, kommt der Frühling, der liebe Frühling bald.“

Mit den Kindern zusammen rollen wir dann die Tapetenbahnen aus, kleben sie an den Enden fest, damit sich nicht alles wieder zusammenrollt. Dann können die Kinder ausprobieren, mit welchem Finger sie am besten Farbe auf das Papier tupfen und malen können – oder auch mit der ganzen Hand?

Manche Kinder mögen den direkten Kontakt mit der Farbe nicht (das sollte man beobachten und evtl. nachfragen, da es sich auch um eine taktile Wahrnehmungsschwäche handeln könnte), deshalb das Angebot, auch mit Korken oder Pinsel zu arbeiten. Wir möchten ja positive Erlebnisse vermitteln und von dort aus weiter helfen. Meistens lassen sich die Kinder durch die Akzeptanz später auch auf das Fingermalen ein – vor allem, wenn man selber mitmacht.

Daraus kann in einer nächsten Stunde auch werden, dass man die Farben aufruft und dann sehen kann, welche Kinder sicher in der Farbbestimmung sind. Oder wir malen nur mit der linken, nur mit der rechten Hand – es gibt sicher noch viele Varianten.

3.2.3 Noch einmal „Bunte Blumen“

Material: Chiffontücher, Malerfolie

Es liegen im Bankquadrat verstreut viele bunte Chiffontücher, unsere Blumen. Nach dem Frühlingslied, zu dem wir geschunkelt und geklatscht haben, beschäftigen sich die Kinder zunächst allein mit den Tüchern. Es ist immer wieder schön zu sehen, was den Kindern alles einfällt – wenn man sie nur lässt.

Erst wenn es augenscheinlich genug ist, kommen die Vorschläge von mir:

- mit dem Tuch auf dem Kopf herum laufen (Achtung, es fliegt weg!)
- das Tuch hoch über dem Kopf mit beiden Händen festhalten und laufen
- gleiches zu zweit mit einem Tuch. Ein Kind läuft vorweg mit dem Tuch, lässt es irgendwann los und das dahinter laufende Kind muss es fangen – oder aufheben und läuft dann vorweg.
- spannend wird das dann mit zwei Tüchern!
- sich mit Tüchern schmücken (Achtung: nicht um den Hals binden!) und dann auf den Bänken wie auf einem Laufsteg eine Modenschau machen
- „Schwänzchen fangen“ spielen: Die Kinder stecken sich ein Tuch als Schwänzchen in in den Hosenbund und sollen sich gegenseitig diese Schwänzchen klauen und anstecken

- Ruhephase: alle liegen auf dem Boden mit dem Tuch über dem Gesicht und atmen durch die Nase ein und durch den Mund aus – das Tuch sollte schweben!

Während die Kinder am Boden liegen, breite ich eine leichte Malerfolie über sie. Beim Auf- und Abschwingen lasse ich mir entweder von zuschauenden Eltern oder ein paar Kindern, die sich abwechseln, helfen. Durch den Luftzug werden Tücher hoch gezogen, was immer viel Freude macht. Dann krabbeln alle Kinder unter der Folie hervor, fassen mit an und werfen alle Tücher auf die Folie. Die „Blumen“ werden vom Frühlingswind herum gewirbelt....

3.2.4 Frühlingsdüfte

Material: Stoffreste, Parfüms und Aromastoffe, Malerfolie Igelbälle, Tennisbälle, Noppenbälle

Hierzu bereiten wir kleine Tücher (Stoffreste) vor, die mit Blumendüften bzw. Parfüm getränkt werden. Ein paar unterschiedliche Duftnoten sind gut, aber nicht zu viele verwenden und an „Nasenpausen“ denken!

Zunächst liegen die Kinder und genießen zu einer Entspannungsmusik evtl. gegenseitig eine leichte Massage mit dem Igelball, Tennisball oder einem größeren Noppenball. Die unterschiedlichen Bälle werden untereinander auch gewechselt, damit jedes Kind in den Genuss verschiedener Berührungen kommt.

Wieder kommt dann die Malerfolie zum Einsatz (ich verwende sie gern, weil es ein billiges Material und leicht ist und vielen Kindern lieber ist, als ein Tuch, weil sie hindurch sehen können), Wir sitzen um die Folie herum, in die Mitte wird ein Dufttuch gelegt. Wenn jetzt die Folie schön gleichmäßig geschwungen wird, verteilt sich der Duft besser. Bevor ein anderer Duft aufgelegt wird, legt sich jedes zweite Kind unter die Folie und bekommt Frischluft zugefächelt – Wechsel. Und weiter geht es.

Zu allem passt sehr gut eine ruhige Musik – Panflöten z. B. El Condor Pasa?

3.2.5 Hasen-Runde

Material: Plüschtiere

Alle Kinder dürfen einen Plüsch-Hasen oder ein anderes Stofftier mitbringen. Wir setzen uns in die Bonbon-Ecke im Kreis. Nachdem jedes Kind sein Tier vorstellen durfte, sollen alle Tiere in die Mitte gelegt werden. Vielleicht haben die Tiere Namen?

Wir singen „Häschen in der Grube saß und schlief ..." Ich frage: „Peters Hasi ist krank?" (jedes Kind und Tier kommt an die Reihe) und das Kind geht zu seinem Tier in die Kreismitte und spielt mit dem Tier zusammen das Häschen in der Grube. Zu „Häschen hüpf!" springt es dann im Kreis herum.

3.2.6 Ostereier

Material: Malerfolie, Fingerfarbe, Tesaband, Eimer mit Wasser, Waschlappen, Küchenrolle, Handtücher.

Das ist wieder eine Farbstunde. Also muss der Boden mit Folie geschützt werden. Es ist auch gut, wenn die Eltern vorher Bescheid wissen und sich auf evtl. Farbklekse einstellen.

Ein Eimer, Waschlappen und Handtücher und Küchenrolle stehen bereit. Auch eine Rolle Tesakrepp-Klebeband. Wir benutzen Fingerfarbe.

Im Bankquadrat weht noch einmal der Frühlingswind – dieses Mal werden Computer- oder Packpapier-Bahnen über die Kinder hinweg gezogen und gewedelt. Anschließend senke ich die Papierbahnen auf die sitzenden oder liegenden Kinder. Meistens bleiben sie erst einmal erstaunt darunter liegen.

Dann kommt die Aufforderung zum Zerreißen und Knüllen. Es entstehen viele Kugeln, die von den Kindern oder vom Erwachsenen mit dem Tesaband so umwickelt werden, dass daraus „Eier" werden. Diese können nun von den Kindern mit der Fingerfarbe betupft werden.

Alle fertigen Eier werden auf der Folie gesammelt.

Zum Abschluss heben wir die Folie gemeinsam an und wirbeln unsere Ostereier durcheinander in die Luft – es macht den Kindern auch Spaß, sich unter die Folie zu legen und das bunte Durcheinander zu betrachten.

3.2.7 Hase und Jäger – einmal anders

Material: weiche Bälle aus Schaumstoff, Socken oder Papier

Das bekannte Spiel „Hase und Jäger" bei dem die Kinder in einem begrenzten Raum als Hasen herum laufen und von einem Kind als Jäger mit einem Ball abgeworfen werden und dann ausscheiden (oder den

Ball fangen und dann Jäger werden), verändere ich so, dass es keine Verlierer gibt.

Die Größe des Aktionsraumes wird besprochen oder markiert. Anstelle von harten Gummibällen werden Schaumstoffbälle, Sockenbälle oder Papierkugeln geworfen. Davor haben die Kinder keine Angst.

Die abgeworfenen Kinder scheiden nicht aus dem Spielfeld aus, sondern verwandeln sich zu Büschen. Sie hocken sich schön „klein" auf den Boden und bilden nun Hindernisse bzw. Versteckmöglichkeiten für die Hasen. Je mehr Büsche vorhanden sind, um so mehr müssen sich die Hasen und der Jäger orientieren und aufmerksam sein, damit sie die Hindernisse nicht umrennen. Man kann auch erst einmal mit Bäumen beginnen, d. h. die Kinder bleiben stehen und die Hasen und der Jäger müssen drum herum laufen. Aber die Erfahrung hat gezeigt, dass zumindest bei kleineren Kindern der Busch lieber gewählt wird. An den stehenden Bäumen halten sich die Hasen fest und die Bäume kommen ganz schön ins Wackeln!

Der zuletzt abgeworfene Hase darf dann einen Busch „wach werfen", der den nächsten usw. bis wieder alle als Hasen herumlaufen können. Dann kann das Spiel wiederholt werden.

Bei dieser Form haben immer alle Kinder eine Aufgabe. Hinzu kommt, dass sie sich sehr viel rücksichtsvoller im Raum bewegen müssen und können.

3.2.8 Wir treiben den Winter aus

Material: Blech- und Plastikeimer, Töpfe, Topfdeckel, Plastikeimer, Joghurtbecher, Getränkedosen, Plastikflaschen, Kartoffel- oder Zwiebelsäcke, Kronkorken, Alupapier, Filmdosen usw., Waschmitteltrommeln und -kartons, Luftballons mit Erbsen und Reis

Angelehnt an die Baseler Fastnacht, bei der auch lautstark durch die Gassen getollt wird, gibt es dieses Mal die Bonbon-Ecke zwischen den Sprossenwänden. Das Ganze ist zu Beginn der Stunde mit einem großen Schwungtuch verdeckt und gilt als „Überraschung". Die Probierphase der in der Halle verteilten Angebote wird gekürzt, d. h. auch entsprechend weniger aufgebaut.

Zwei Taue sind gespannt, daran werden Blecheimer, Plastikeimer, Joghurtbecher, Zwiebel- oder kleine Kartoffelsäcke gefüllt mit Kronkorken, Alupapier, Filmdosen und sonstigem „krachmachenden" Materialien,

Topfdeckel und Kochlöffel aufgehängt. Dem Einfallsreichtum sind keine Grenzen gesetzt!

Es gibt sicher auch Kinder, denen es zu laut werden könnte. Für sie ist in der anderen Hallenhälfte ein Plätzchen mit leisen „Instrumenten“ vorgesehen: Luftballons mit Reis oder Erbsen gefüllt, kleine Plastikeimer mit Deckel, gefüllt mit nur 1-3 Erbsen, Waschmitteltrommeln oder Kartons – auch hier gibt es noch viele Möglichkeiten zum Geräusche machen.

Damit es kein Daueralarm wird, verbinde ich das Ganze mit einer Zugreise. Der Zug ist ein dickes Tau, an dem alle Kinder anfassen können. Zur Musik „Zugfahren“ von der Kassette Nr. 3 aus der Reihe „Musik zur psychomotorischen Förderung“ (Hrsg. Dietrich Eggert) führe ich die Kinder durch die Halle und rufe entweder „Station leise Musik“ oder „Station laute Musik“ beim Stopp vor dem jeweiligen Angebot. Die Kinder können sich dann entscheiden, wo sie aussteigen wollen.

Nach einer ausreichenden Probierzeit (gut beobachten!) kommt der Zug dann wieder zu den Stationen und sammelt die Reisenden ein. Sicher möchten die Lauten auch mal zur leisen Ecke und umgekehrt.

Als Abschluss fährt der Zug so, dass das Tau einen Kreis bildet. In die Mitte kommen noch einmal alle Trommelmöglichkeiten – wir können den BINGO starten. Die letzte Bingo-Runde endet dann mit einem Abschluss-Trommeln.

3.2.9 Vogelnester

Material: Wolldecken, Chiffontücher, Springseile oder alte Krawatten, Schwungtuch

Als Teil der freien Bewegung liegen die Wolldecken bereit, auf denen die Kinder entweder vom Erwachsenen oder sich gegenseitig ziehen lassen können. Diese Decken – jedes Kind eine – werden in das Bankquadrat gebracht. Am Rand der Halle liegen die übrigen Materialien schon bereit zum Nestbau.

Die Kinder formen sich aus den Wolldecken ein kuscheliges Nest und legen sich hinein. Das ergibt ein schönes enges Quadrat. Ich erzähle dann:

„Die Vögel sind von ihrer langen Reise aus dem warmen Süden zurück gekehrt und jetzt ganz müde. Erst einmal müssen sie verschnaufen und machen es sich in ihren alten Nestern bequem. — Aber dann bemerken sie, dass da und dort noch etwas auszubessern ist. Während sie weg waren, sind Löcher in das Nest gekommen. Also fliegen sie los und suchen sich weiteres Baumaterial."
Die Musik beginnt und dazu flattern die Kinder durch die Halle, bei Musik-Stopp nehmen sie sich ein Material und tragen es in ihr Nest.
„Nun ist Probeliegen angesagt! Ist schon alles prima? Ich glaube, es fehlt noch etwas!"
Wieder spielt die Musik und die Kinder fliegen aus, um bei Musik-Stopp das nächste Material zu holen und in ihre Nester zu tragen.

„Jetzt ist es gemütlich, nicht? Es ist auch schon ganz spät geworden und die Vögel sind müde."
Ich singe das Lied: „Wisst ihr, wie die kleinen Vögel abends gehen zur Ruh`? Sie stecken ihre Köpfchen weg und machen die Augen zu!"

Wenn alle Kinder ruhig da liegen, decke ich das Schwungtuch über das Bankquadrat – es ist ganz ruhig.

Ganz leise beginnt die Musik wieder. Die Kinder wühlen sich unter dem Tuch hervor und flattern durch die Halle, bis ich mich in die Mitte setze – danach kann der BINGO beginnen.

3.2.10 Alles wächst – klein und groß

Material: Handtrommel, Schwungtuch

Im Bankquadrat liegen heute kleine „Samenkörner" – die Kinder rollen sich so klein wie möglich zusammen und werden mit dem Schwungtuch als Erde zugedeckt.

Ich erzähle:
„Nachdem der Schnee geschmolzen ist und die Sonne langsam die Erde wieder wärmt, wachen die kleinen Samenkörner in der Erde auf. Sie recken ihre Köpfchen der Sonne entgegen (die Kinder tun das) und ganz, ganz langsam beginnen sie unter der Erde einen Arm zu heben, den anderen auch. Das ist der Stängel, der sich langsam aus der Erde wagt. (ich ziehe das Schwungtuch vorsichtig zur Seite). Jetzt kommt frische Luft an die kleine Pflanze und sie wächst und wächst (die Kinder spielen das nach und stehen zum Schluss mit hoch erhobenen Armen auf den Ballen).

Im leichten Frühlingswind schaukeln die Stängel hin und her (Kinder bewegen sich dazu).
Aber gegen Abend wird es wieder frischer. Die Pflanzen rollen sich lieber wieder zusammen, damit sie nicht so frieren (Kinder liegen wieder) und die dunkle Nacht deckt sich über sie (das Schwungtuch kommt zum Einsatz)“

Das Ganze kann so oft wiederholt werden, wie die Kinder bei der Sache sind. Falls sie unruhig werden, werden aus den Stängeln Löwenzahnblumen und dann Pusteblumen. Der Wind verteilt dann die Samen der Pusteblumen in der ganzen Halle. Das Herumlaufen begleite ich mit der Handtrommel, um es besser steuern zu können. Wenn das Trommeln aufhört, sollen die Kinder an einem Platz stehen bleiben und entsprechend der Trommel, die immer leiser wird, sich wieder zusammen rollen – bis die Trommel wieder langsam lauter wird usw. …

3.2.11 Mein Körper

Material: alles aus dem in den meisten Einrichtungen vorhandenen Rhythmikkasten, Filmdosen, Korken, Muggelsteine oder kleine Kieselsteine, 1 Blatt Papier und Wachsmaler für jedes Kind

Vom Wachsen ist es ein logischer Schritt zum eigenen Körper. Für die Kleinen ist das neu, für die Großen ein Bastelspass.
Mit den Kleinen singe ich das Lied, zu dem die Kinder die genannten Körperteile berühren und dann auch entsprechend malen:

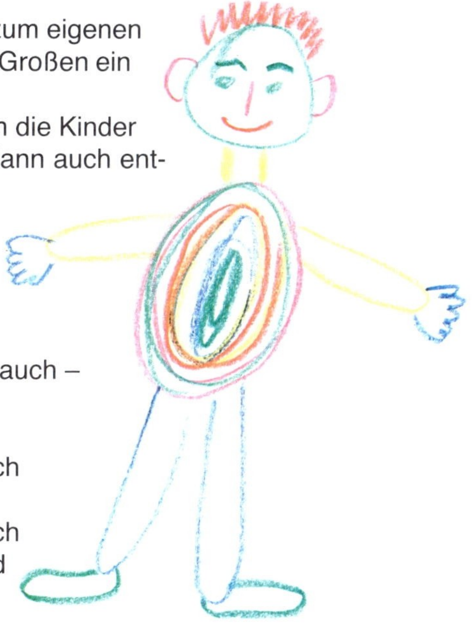

„Ich habe einen Kopf – zwei Augen hab
ich auch – und einen dicken Bauch
Ich habe auch zwei Arme – Hände hab
ich auch – und einen dicken Bauch
Ich habe auch zwei Beine – Füße hab ich auch –
und einen dicken Bauch
Ich habe auch zwei Ohren – einen Hals
den hab ich auch – und einen dicken Bauch
Ich habe eine Nase – einen Mund
den hab ich auch – und einen dicken Bauch
Ich habe auch noch Haare, ganz viele sind
das auch – und einen dicken Bauch“

Dabei entsteht eine Figur, deren Bauch durch das ständige Wiederholen wirklich ganz dick ausgemalt ist.

Für die großen Kinder wird die Aufgabe gestellt, entweder zu zweit oder alle zusammen (je nachdem wie groß die Gruppe ist) ein Kind, das sich auf den Boden legt, mit den Filmdosen, den Korken oder Steinen zu umlegen. Wenn der Umriss fertig ist, steht das Kind vorsichtig auf – meistens ist es erstaunt, wie groß der Umriss ist! Dann darf sich das andere Kind hinlegen.

Anschließend unterhalten wir uns, was wir denn in unserem Umriss haben: Knochen, Organe, Muskeln usw. …

Daraus ergibt sich die Gemeinschaftsaufgabe, mit allen Materialien eine Figur – möglichst mit Skelett zu legen.

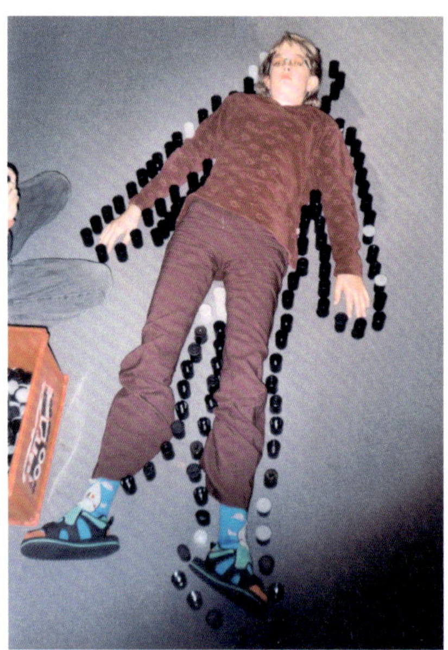

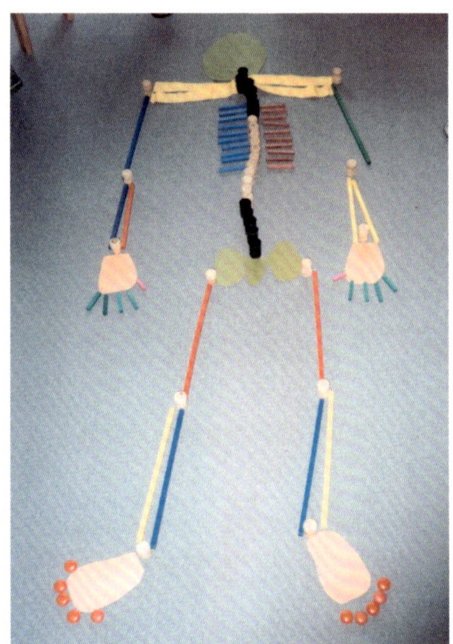

4. Im Sommer

So oft es möglich ist, findet die Spielturn-Stunde im Sommer draußen statt. Das ist zwar mit sehr viel mehr Aufwand verbunden, aber auf keinen Fall sollte man auf die Erfahrungen in freier Umgebung, auf dem Rasen und in der Sonne – aber auch im Schatten – verzichten.

Anstelle von Kassetten-Musik gibt es „life-songs" und das Bankquadrat wird durch ein großes Tuch ersetzt. Mit Zauberschnüren grenze ich den Bereich auf dem Sportplatzrasen ein. Es sind ja meistens Geländer als Begrenzung vorhanden – oder wenn man auf dem Freispielgelände im Kindergarten ist, kann man mit der Zauberschnur auch gut besondere Räume einrichten.

Innerhalb dieser Räume werden Angebote verteilt: Matten, Kriechtunnel, Reifen, Bälle, Plastikschalen – mit oder ohne Wasser, Decken, große Therapiebälle usw. – vielleicht lässt sich die Schaukel integrieren?

Wir stellen uns paarweise gegenüber (Gasse) auf und beginnen die Stunde, mit dem Spiellied: „Wir öffnen das Tor, wir schließen das Tor, der/ die … (Name) treten nun hervor –
(die sich gegenüberstehenden Kinder treten in die Gasse, fassen sie an den Händen und hüpfen zum weiteren Gesang bis ans Ende der Reihe und zurück auf ihren Platz – das nächste Paar ist an der Reihe)
– Heissa durch die lange Reihe, heissa durch die lange Reihe – und nun auf Wiedersehn!"

Mit dem Lied „Ich bin eine kleine Schnecke und ziehe durch die Welt … (oder Esel)" löse ich die Formation auf und führe die Kinder an den einzelnen Stationen vorbei. Danach ist wieder so lange freies Probieren, bis ich mich auf das große Tuch setze und der Bonbon beginnt.

Wenn wir in der Halle sind, können wir auf die bewährte Form zurückgreifen.

4.1 Vorschlag für den Sportplatz

Die Punkte stellen die Aufstellung der Kinder dar zum Eingangslied „Wir öffnen das Tor", anschließend der Kreis, der sich mit dem Lied „Ich bin eine kleine Schnecke" zur Schnecke zusammen – und wieder auseinander rollt. Die Zick-Zack-Linie ist die Zauberschnur, Rechtecke sind Matten, langes Rechteck ist ein Kriechtunnel, Kreise sind Reifen. Zwischen den

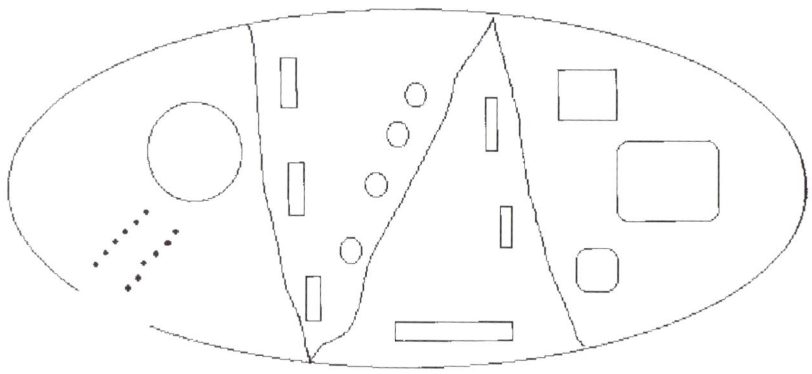

einzelnen Stationen ist genügend Rasen-Abstand zur Fußgymnastik – es sollte ja möglichst barfuss gelaufen werden! Im rechten Teil findet der „Bonbon“ statt.

Zum Bingo versammeln wir uns um ein kleines Planschbecken (reicht auch eine Wanne), damit vielleicht die letzte Runde mit Patschen im Wasser beendet werden kann.

4.1.1 Gedanken zum Thema

Zu sehen ist:
- oft blauer Himmel
- viel Sonne
- grüne Blätter
- grüner Rasen
- Blumen
- leicht bekleidete Menschen

Zu fühlen ist:
- die Wärme der Sonne
- das Gras beim barfuss Gehen oder Liegen
- Wechsel der Temperaturen in Sonne oder Schatten
- Wasser beim Planschen
- Schwitzen

Beschäftigungen:
- draußen spielen
- im Sandkasten bauen
- Faulenzen
- Picknick machen
- Radtouren und Spaziergänge
- Gartenarbeit
- Schwimmen gehen

Bewegungen:
- langsam, wenn es sehr warm ist
- im Wasser planschen
- schwimmen
- Rad, Roller, Kettcar, Bobby-Car, Laufrad usw. fahren

Musik:
- draußen singen wir
- in der Halle suchen wir Sommermusik aus

Der Hallenaufbau zeigt wieder Merkmale unserer Überlegungen, so dass viele Fahr- und Rollmöglichkeiten angeboten werden. Die verschiedenen Schaukelbewegungen sollten nie fehlen, da das Schaukeln für das Vestibulärsystem (Gleichgewicht) besonders wichtig ist.

4.2 Angebote

4.2.1 Meine Hände fühlen (Hallenstunde)

Material: Zwiebelsäcke und s.u.

Im Bankquadrat liegen grobmaschige Zwiebelsäcke (kann man in Großküche oder auch beim Gemüsehändler bekommen). Darin sind unterschiedliche Materialien verstaut (immer fleißig sammeln!):

- Kronkorken
- Joghurtbecher – große und kleine
- Alufolie
- Plastikfolie – besonders gut auch die Noppenfolien
- Watteballchen
- Papier
- Tennisbälle
- Tischtennisbälle
- Luftballons
- Topfkratzer
- Schwämme
- Styroporflocken
- der Phantasie sind keine Grenzen gesetzt!

Vor der Stirnseite der Bänke ist ein Barren gestellt, damit an den Holmen eine Wäscheleine gespannt werden kann und daran auch einige Säcke hoch gehängt werden können.

Den Kindern wird völlig freie Hand gelassen. Sie beschäftigen sich meistens sehr lange mit all den Fühlangeboten und trennen sich ungern von einem auserkorenen Material. Um ohne „Kampf" zum Schluss zu kommen, dürfen die Kinder jeweils einen Sack in die Hallenmitte legen. Wir setzen uns zum Kreis um die Säcke und „turntanzen" den Bingo einmal im Sitzen.

4.2.2 Meine Füße fühlen

Material: s. o. und eine große Plastikwanne

Die gleichen Angebote wie vorher, nur sollen dieses Mal die Füße fühlen und arbeiten. Nur für die größeren Kinder hänge ich auch einige Säcke hoch, um das Erreichen etwas schwerer und interessanter zu machen.

Für den Schluss kommt eine große Plastikwanne zum Einsatz. Die Säcke sollen mit den Füßen dort hinein gehoben werden.

4.2.2.1 Meine Füße (Hände) malen – schön für draußen, aber in der Halle möglich

Material: Packpapier oder Tapetenrollen, Fingerfarbe, Schwämme, Pinsel, mehrere Wasserschalen, Handtücher, Küchenrolle

Nachdem sich die Füße in der vorher gehenden Stunde schon an das Fühlen gewöhnen konnten, liegt jetzt das Mal-Material bereit.

Die Kinder können sich selber oder gegenseitig die Fußsohlen bemalen – oder lassen sich lieber vom Erwachsenen anmalen. Dabei können sie auswählen, ob sie mit der Hand, dem Schwamm oder dem Pinsel malen möchten.

Danach laufen alle über das Papier und freuen sich über die vielen bunten Füße. Spannend ist es, später die eigenen Füße heraus zu finden und dabei festzustellen, dass jedes Kind andere Füße besitzt.

Das Ganze lässt sich gut variieren bis hin zum „Twist"-Spiel, bei dem dann zuerst nur auf den roten, den blauen, den gelben, den grünen Füßen gelaufen, gehüpft werden darf und ganz kompliziert wird es dann, wenn die rechte Hand auf einem roten Fuß, die linke auf einem gelben Fuß, der rechte Fuß auf einen grünen und der linke Fuß auf einen blauen Fuß gestellt werden soll. Für Gelächter ist gesorgt!

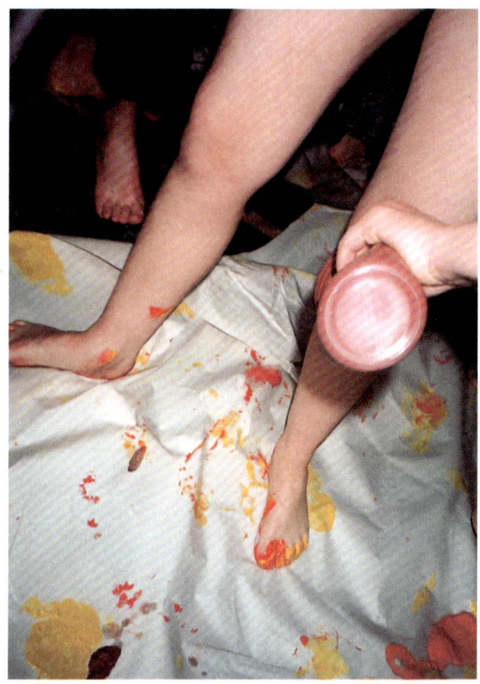

4.2.3 Bemalte Körper

Material: Fingerfarbe, Tapetenbahnen oder Packpapier, Schwämme und Pinsel, Wasserschalen, Handtücher, Küchenrolle – Bälle, Tennisbälle

Wenn es so richtig warm draußen ist, bietet es sich einfach an, mal ordentlich in den Farbtopf zu greifen, ohne Rücksicht auf den Fußboden oder die Kleidung nehmen zu müssen. Alle Kinder tragen nur Badehosen und liegen auf dem Papier auf dem Rasen verteilt. (Gut ist es, wenn die Eltern Bescheid wissen!)

Damit sich die Kinder an die Berührungen gewöhnen, rollen sie sich gegenseitig den Körper (oder werden vom Erwachsen abgerollt) mit unterschiedlichen Dingen ab z. B. Tennisbällen usw.

Erst danach geht es an die Farbe. Die Kinder, die es mögen und können, bemalen sich gegenseitig erst einmal den Rücken – vielleicht zuerst vorsichtig mit einem Finger, dann mit Pinsel oder Schwamm. Neben jedem Kind liegt eine weitere, saubere Tapetenbahn, auf die es dann bemalt rollen und seinen Abdruck bewundern kann.

Die Kinder, die sich nicht bemalen lassen wollen, können auf der Tapetenbahn malen.

Viel Spaß macht das Säubern mit einem Gartenschlauch, wenn nicht möglich, dann in einem kleinen Plastikschwimmbecken (nur muss danach noch einmal geduscht werden!)

4.2.4 Dicke Ballmassage

Material: wenigstens 2 Therapiebälle, Schwungtuch

Alle Kinder legen sich auf das große Tuch im Bankquadrat. Wenn nicht noch 2 Erwachsene zur Verfügung stehen, helfen zwei Kinder mit beim Bälle-Rollen.

Zunächst werden die Bälle vorsichtig über die liegenden Kinder von der einen Seite zur anderen gerollt. Wenn sich die Kinder an diese Berührung gewöhnt haben, kann mehr Dynamik eingesetzt werden. Die Bälle werden unsanfter und schneller gerollt und dann auch hüpfend über die Kinder geworfen. Es tut wirklich nicht weh und macht einen Riesenspaß. Es muss nur darauf geachtet werden, dass die die Kinder möglichst auf dem Bauch liegen und wenn sie auf dem Rücken liegen möchten, müssen sie das Gesicht schützen (Brillen abnehmen!). Sie können dann auch aktiv mit Händen und Füßen den Ballverlauf steuern.

Anschließend breiten wir ein Schwungtuch über die Kinder und legen zuerst einen Ball darauf, den wir auf dem Tuch über die Körper der Kinder rollen lassen – dann auch zwei oder drei.

Zum Schluss nehmen wir den Ball weg und wedeln Frischluft zu – das haben sie sich dann verdient!

4.2.5 Wassermassage

Material: stärkere Malerfolie, ein Wassereimer mit ca. 1 – 2 l Wasser

Wieder liegen alle auf dem Tuch auf dem Rücken. Dieses Mal ist die Folie das Schwungtuch. Es muss eine etwas stärkere, aber noch weiche Folie sein. Zum Anfang schwingen wir die Folie über den Kindern. Um die Helfer etwas mehr zu motivieren, gebe ich einen „Wetterbericht“: Laue Winde, leichter Wellengang, ein großes Hoch, gefolgt von einem schlappen Tief, der Wind frischt auf, wird zum Sturm, hoher Wellengang, Abflauen...usw..

Nach ausreichendem Genuss von Wind und Wetter (natürlich müssen die Helfer mal mit den Genießern ausgetauscht werden) wird etwas Wasser auf die Folie gegossen. Durch vorsichtiges Bewegen, Heben und Senken der Folie schwappt das Wasser über die Kinder hinweg. Wenn die Folie so tief gehalten wird, dass das Wasser auch mal über die Gesichter hinwegspülen kann, ist das ein besonderes Erlebnis!

Mit ein wenig Abtönfarbe im Wasser wird die nahende „Gefahr" noch hervorgehoben.
Zum Schluss wird die Folie so angehoben bzw. abgesenkt, dass das Wasser wieder in den Eimer laufen kann.

4.2.6 Wasserrutsche – ein schönes Sommererlebnis

Material: starke Malerfolie, 1 Eimer Wasser, evtl. etwas Schmierseife, Handtücher

Dieses Mal ist das Wasser nicht in der Folie über den Kindern, sondern auf einer Folie, die auf dem Rasen ausgebreitet ist. Es braucht nur wenig Wasser, um die Folie rutschig zu machen. Die Kinder sollten nur mit Badehosen bekleidet sein.

Zum langsamen Heranführen setzen wir uns erst um die Folie herum und patschen mit den Händen. Dazu singen wir: „Meine Hände patschen, patschen, patschen, oh, wie ist das schön!" (Dann „Meine Füße …") Allmählich

rutschen die Kinder auf die Folie und bewegen sich dort, wie sie mögen: krabbelnd, auf dem Po rutschend, gehend, rollend – alles ist möglich.

Erst nach einiger Zeit gebe ich dann etwas Schmierseife dazu.

Ein herrlich matschiges und erfrischendes Vergnügen, wenn noch eine Gartendusche oder ein Wasserschlauch vorhanden ist, ist der Nachmittag vollkommen!

4.2.7 Reisezeit

Material: 1 Bollerwagen, 1 Koffer mit Inhalt, Chiffontücher
Zu diesem Bonbon bringt jedes Kind etwas mit, was es in den Urlaub mitnehmen würde: Sonnenhut, Sonnenbrille, Rucksack, Badeanzug, Buch usw. Alles wird in den Koffer gepackt.

Bevor die Ferien beginnen, steht die letzte Spielturnstunde ganz unter dem Vorzeichen von Verreisen. Für den Bonbon hole ich die Kinder nach und nach von den einzelnen Spielstationen mit dem Bollerwagen ab. Dazu wird das Lied: „Auf der Eisenbahn sitzt ein schwarzer Mann, schiebt die Kohlen an, dass man fahren kann. Kinderlein, Kinderlein, hängt euch dran! Wir fahren mit der Eisenbahn!“ Das geht so lange, bis alle Kinder beim Bonbon-Platz angekommen sind.

In der Mitte des Tuches liegt der Koffer mit Inhalt und Chiffontücher. Ein Kind darf dann ein Teil aus dem Koffer nehmen und am Anfang unseres „Zuges“ gehen. Wir bewegen uns hintereinander in einer Schlange und singen: „Türen zu, ein Pfeifenton! Ich glaube gar, wir fahren schon. Ratata, ratata, wir sind bald bei der Omama (die Namen werden entsprechend geändert)“. Dann kommt das nächste Kind an die Reihe.

Zum Schluss nimmt sich jedes Kind ein Tuch und wir winken uns zu: „Schöne Ferien!“
Wenn es die Kasse erlaubt, ist eine Runde Eis eine willkommene Überraschung.

4.2.8 Indianerleben

Das Thema Indianer fasziniert jedes Kind vom Kindergartenalter bis zum Schulkind und lässt sich so unterschiedlich bearbeiten, dass es für jedes Alter etwas zu bieten hat. Ich habe im Kindergarten, Vorschule und Verein einige Male zwischen Ostern und den Sommerferien ganze Projektwochen gestaltet – immer mit dem Hintergrund „Psychomotorik". In diesen Indianer-Angeboten geht es vorrangig um Kreativität, Kommunikation, soziales Lernen, aber auch um motorische Grundfertigkeiten wie Laufen, Klettern, Springen, Rollen, Ausdauer, Kraft und Geschicklichkeit. Am Ende steht das gemeinsame Feiern eines Sommerfestes.

In der ersten Stunde machten wir eine „Lagebesprechung" mit den Kindern, um zu erfahren, was die Kinder schon alles wissen. Die Halle wurde zum „Indianer-Gebiet" umgestaltet und stellte Wiesenabhänge und Berge, rollende Steine, wilde Flüsse usw. dar (Veränderung je nach Stundeninhalt, der sich aus den Liedstrophen ergibt).
Zur Vertiefung hatte ich das Buch aus der Reihe „Was ist was?" über Indianer mitgebracht – und das Indianerlied, das jede Stunde am Anfang stehen sollte:

1. Indianer heißen wir – a huu
   am Lagerfeuer sitzen wir – a huu
   wir laufen schneller als der Wind
   und husch, husch, husch, verschwunden wir sind. (Indianer-Geheul zur Bewegung!)

2. Indianer heißen wir … a huu
   am Lagerfeuer sitzen wir – a huu
   wir klettern schneller als der Wind
   und husch, husch, husch, ganz oben wir sind (Geheul, Sprossenwand, Taue usw.)

3. Indianer heißen wir …
   wir reiten schneller als der Wind
   und husch, husch, husch, über den Berg wird sind …

4. wir schwimmen schneller als der Fisch
   und husch, husch, husch, durch den Fluss wir sind

5. wir schleichen leiser als der Wind
   und husch, husch, husch hört uns kein Kind

6. wir sehen besser als ein Luchs
   und husch, husch, husch haben wir den Fuchs

7. wir musizieren ohne Ruh
   und husch, husch, husch tanzen wir dazu

8. wir tanzen für unser Leben gern
   und stampf, stampf, stampfen hört man uns von fern

9. wir schmücken uns sehr Farben froh
und heut tun es alle Kinder so!

Es ergeben sich als 9 Themen-Stunden und als Krönung und 10. Stunde das Indianerfest!

4.2.8.1 Trainingslager – Laufen

Beginn: Indianerlied

Die Indianer trainieren unermüdlich auf vielerlei Art. Wir richten uns ein Trainingslager ein. Beim Hallenaufbau helfen alle Kinder mit und können ein Blick auf meinen Hallenplan werfen. Die gesamte Länge der Halle wird zu Lauf- und Staffel-Spielen genutzt.

Abschluss: „Schlafende Indianer"

Alle Kinder legen sich in der Halle verteilt auf den Boden. Die Indianer sind nach diesem Trainingslager wirklich müde und schlafen. Nur einer hält Wache. Dieser schleicht sich zu einem Schlafenden, berührt ihn vorsichtig und legt den Finger auf den Mund, um zu zeigen, dass er ganz leise sein muss. Vorsichtig schleichen dann beide zu weiteren Schlafenden – so geht es, bis alle geweckt sind. Erst dann dürfen alle mit Riesen- Indianergeheul durch die Halle rasen – und hinaus!

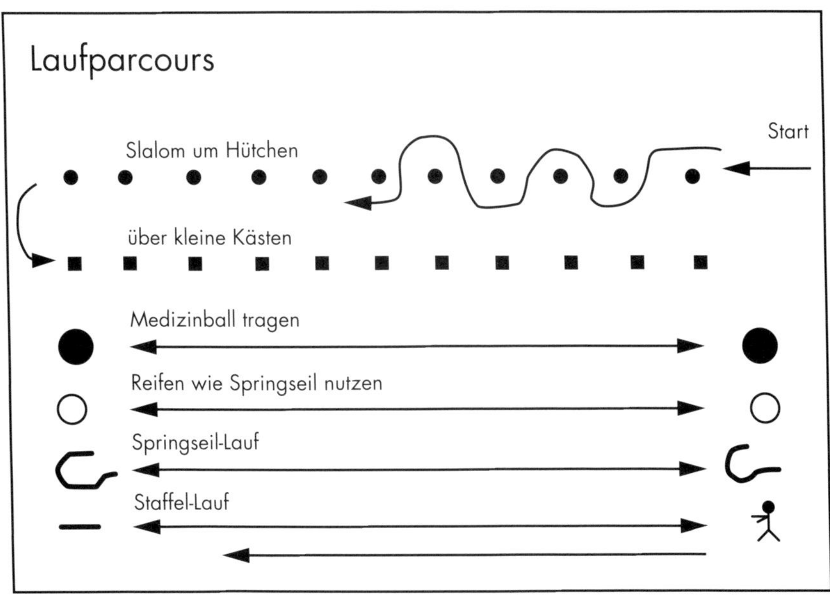

4.2.8.2 *Klettern*

Beginn mit dem Indianerlied

Hallenaufbau:

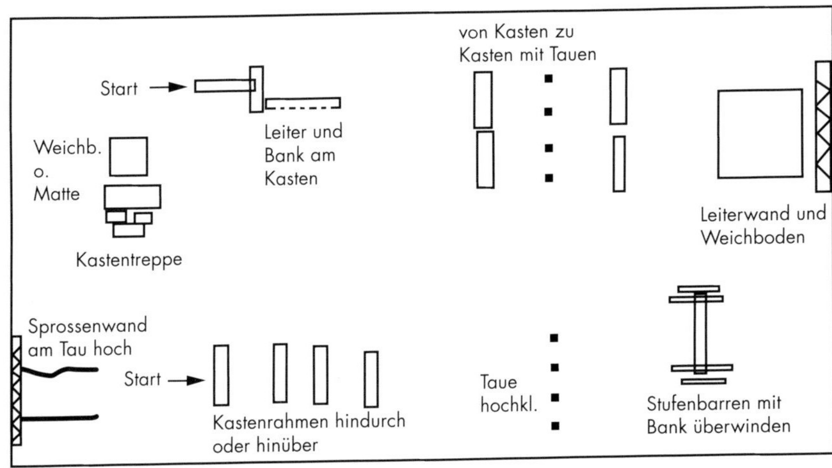

Warmlaufen mit Musik, bei Musik-Stopp heißt es: „Die Füße dürfen nicht den Hallenboden berühren!" Die Kinder können sich auf die bereits vorhandenen Geräte retten oder sich andere Möglichkeiten einfallen lassen (es würde ja reichen, sich auf den Rücken zu legen und die Beine in die Höhe zu strecken).

Durch das Warmlaufen haben die Kinder den Kletterparcours bereits entdeckt, so dass nun Station für Station erobert werden kann – so wie es jeder kann und mag. Nach einigen Durchgängen teile ich die Gruppe in 2 Stämme, die dann aus zwei Richtungen aufeinander zu klettern und Lösungen für die Begegnungen finden sollen.

Zum Schluss noch einmal „Schlafender Indianer"

4.2.8.3 *Reiten*

Beginn: Indianerlied – nur die entsprechende Strophe

Material: Böcke, Kästen, Springseile, Matten

Fragen stehen am Anfang: „Wie springen Indianer auf ihre Pferde? Welche Reiterspiele können sie machen?" In dieser Stunde verstecken sich Übungen wie das Grätschen über oder auf den Bock, Flanken und

Hocken über oder auf Langkästen usw. Wichtig ist, dass möglichst alle Kinder beschäftigt sind, denn lange Wartezeiten fördern Rempeleien und Langeweile.

Es sind unterschiedliche Höhen und Schwierigkeitsgrade aufzubauen, damit jedes Kind die Aufgabe irgendwie bewältigen und selber entscheiden kann, welche Herausforderung es annehmen möchte.

Warmlaufen mit Bonanza-Musik – z. B. erst als einzelne Pferde, dann als Zweiergespann, weiter 4 Pferde. Daraus kann sogar eine kleine Quadrille werden!

Weiter geht es mit Springseilen als Halfter und Zügel. Hierbei ist Leiten und Führen angesagt. Dahinter steckt Raumorientierung, Abschätzen von Entfernungen, Rücksichtnahme und Verantwortung.

Jetzt sind die Kinder warm genug, um die „Pferde" zu erobern – also über die Kästen und Böcke! Es ist völlig gleich, wie sie das anstellen – gegrätscht, gehockt, gerutscht – alles gilt!

Den Abschluss bildet das Pferde-Einfangen (Kettenfangen). Zuerst fängt ein Kind ein anderes, sie fassen sich an den Händen und fangen das nächste – bis alle eine Kette sind.

So kommen wir ganz einfach zum Abschlusskreis zusammen und singen noch einmal das Indianerlied, um mit Geheul die Halle zu verlassen.

4.2.8.4 Schwimmen

Materialien: kleine Kästen, Kastendeckel, Langbänke, Rollbretter, Kastenrahmenteile, Schokoküsse als Schatz, Matten, Taue, Springseile, Folie, Musik z. B. ARC-Music World & Folk Music Vol.1 American Indian Dances

Es wäre natürlich am Schönsten, wenn man die Möglichkeit hätte, mit den Kindern diese Stunde ins Schwimmbad zu verlegen. Dazu sind jedoch so viele organisatorische Dinge nötig und die Aufsichtspflicht wiegt schwer. Oft ist ein Schwimmbad auch nicht in der Nähe, also begnügen wir uns mit dem „so tun als ob" in der Halle.

Beginn wieder mit dem Indianerlied.

- Zur Musik laufen alle „schwimmend" mit Armbewegungen durch die Halle. Gut aufpassen, um nicht zu rempeln! Auf Musik-Stopp legen sich alle auf den Bauch und schwimmen auf der Stelle weiter (gute Rückenmuskel-Übung!)

- während des Laufens werden kleine Kästen, Kastendeckel und die Bänke in der Halle verteilt. Nun können die Kinder bei Musik-Stopp bäuchlings auf den Geräten mit frei schwebenden Armen und Beinen schwimmen
- schneller schwimmen die Indianer auf Rollbrettern
- wenn die Indianer keine Lust zum Schwimmen mehr haben, nehmen sie das Kanu: 1 Langbank auf 2 Rollbrettern oder 2 Kinder laufen in einem Kastenrahmen herum

- Dann kommt eine Geschichte:
  2 Stämme wissen von einem Schatz am Ende des Flusses. Jeder Stamm (die Kinder werden in 2 Stämme geteilt) berät geheim, wie er den Schatz holen will: mit dem Kanu gemeinsam oder nur einer allein schwimmend – wie auch immer, alles ist möglich. Nach der Beratungszeit starten dann beide Stämme. Der Schatz ist eine Kiste Schokoküsse, die ich gut versteckt habe.
  Den Fluss kann man durch Matten-Reihen, Taue und Springseile darstellen, sogar Brücken können gebaut werden (vielleicht mit Stäben) – alles erfinden die Kinder selber.

- Nach so viel Aktivität ist ein ruhiger Abschluss gut, der mit dem Verzehr des Schatzes beginnt und zur Strophe des Indianerliedes:
  „Indianer heißen wir, am Lagerfeuer sitzen wir. Wir schlafen auch am Feuer ein, bis uns weckt der Sonnenschein."
  Wenn alle liegen, ziehe ich behutsam die Malerfolie – bitte 3 Kinder um Hilfe – über die Liegenden. Die Folie wird ganz leicht bewegt als säuselnder Abendwind. Natürlich werden die Helfer auch mal ausgewechselt, damit sie auch in den Genuss der Entspannung kommen.

4.2.8.5 Jagen

Material: Springseile, Zauberschnur, Bambusstäbe (billig im Blumenhandel), Zeitungspapier, Bierdeckel, Eimer, Wurfbälle, Kästen

In dieser Stunden verstecken sich Wurfübungen, also Auge-Hand-Koordination. Das ist natürlich spannender als „Büffeljagd"!

- Warmlaufen durch Kettenfangen: zuerst ein Fänger, dann zwei zusammen, bis alle gefangen sind. Auf diese Weise ist die Gruppe zusammen
- das Indianerlied kann gesungen werden, um danach von der heutigen Büffeljagd zu erzählen. Dafür üben die Indianer:

- Springseile werden Lassos. Die eine Hälfte der Gruppe hat die Lassos, die andere sind Büffel oder wilde Pferde und müssen eingefangen werden – Wechsel
- eine Zauberschnur wird quer durch die Halle gespannt, darüber werden Zeitungspapier-Bahnen gehängt. Bambusstäbe werden zu Speeren, mit denen die Bahnen abgeworfen werden sollen. Achtung: Nur von einer Seite werfen! Unfallgefahr!
- Wenn aus den Zeitungsseiten lange Streifen gerissen werden (Geduld, Geschicklichkeit), können auch diese über die Schnur gehängt werden und mit Bierdeckeln als Steine abgeworfen werden. Das erfordert sehr viel Geschick!
- Um genaues Zielen zu trainieren, stehen Eimer für die Indianer verteilt auf unterschiedlich hohen Kästen oder Böcken. Es sollen Bälle hingeworfen werden. Aber auch das Papier-Aufräumen lässt sich hier gut unterbringen: Das herum liegende Papier wird zu Bällen geknüllt und in die Eimer geworfen – oder auch in einen offenen Kasten
- Um auf die Jagd zu gehen, verkleiden sich Indianer auch. Dazu bietet sich das Zeitungspapier an. Es können Überhänge daraus gerissen werden. Erstaunlich, wie viele Ideen die Kinder entwickeln! Ein besonderer Spaß ist es, sich mit Papierbällen auszustopfen – man sieht doch gleich gefährlicher aus! – und so zum Schluss
- Völkerball als Büffel-Abwerfen zu spielen. Damit es keine Ausscheider gibt, spiele ich das nach den Regeln von „Jäger, Hase, Busch“: der abgeworfene Büffel wird zum Busch und hockt sich in das Spielfeld als Hindernis. Je mehr Büsche auf dem Boden sitzen, desto schwerer wird die Jagd.

Zum Schluss wieder das Indianerlied, letzte Strophe (schlafen) und das Spiel: Schlafender Indianer (alle schlafen, einer nach dem anderen wird ganz leise geweckt, bis alle mit Geheul aus der Halle stürmen)

4.2.8.6 Schleichen

Diese Stunde habe ich nach draußen verlegt. Bei mir ist der Wald gleich nebenan, aber sicher gibt es einen Park oder Spielplatz, um verschiedene Varianten von Versteck-Spielen zu spielen. Schon vorweg: Eine Stunde reicht bestimmt nicht!

- Beginn wieder mit dem Indianerlied.
  Danach zunächst Vorstellung der Aufgaben und Abklärung von Regeln.

- Der Späher – 1 Indianer muss alle versteckten suchen
- Der Indianerforscher: Ein Forscher besucht einen Indianerstamm. Dabei muss er sehr vorsichtig unterwegs sein, um nicht von den Indianern gefangen zu werden.
  Für dieses Spiel verstecken sich kleinere Gruppen zusammen. Wenn eine Gruppe sich einig wird, kann sie den Forscher schleichend verfolgen. Wenn er es bemerkt, muss die Gruppe in begleiten und ihm helfen. Das Schleichen wird so immer schwieriger. Wenn die anderen versteckten Indianer es bemerken, dürfen sie mit Gebrüll aus ihren Verstecken kommen und alle fangen.
- Das gute alte „Räuber-und Gedarm-Spiel" wird zur Stammes-Fehde: Ein Stamm berät sich, wo und wie er sich verstecken will. Der andere Stamm baut eine Hütte als Gefängnis und bestimmt einen Wärter dafür. Der Versteck-Stamm hat zehn Minuten Zeitvorsprung, dann machen sich alle auf die Suche. Sie können selbst entscheiden, ob sie allein oder gemeinsam suchen wollen. Wieder muss alles ganz leise vor sich gehen – auch den Gefangenen ins Gefängnis zu bringen, denn der Stamm darf den Gefangenen befreien – auch wieder ganz leise!
- Abschluss: Indianerlied Strophe „und schlafen auch am Feuer ein ..." um den „schlafenden Indianer" jetzt auf dem Waldboden zu spielen – ein völlig neues Gefühl!

Mit dieser Stunde kann den Kindern wieder die Freude am Spiel im Freien vermittelt werden, die nach meiner Beobachtung immer weniger wird.

4.2.8.7 Sehen

Auch diese Stunde wird im Freien gestaltet. Es geht um Spuren suchen, Fährten lesen und Naturmaterialien erkennen.

Vorbereitung: Das Gelände ansehen, Weg (Rundkurs(evtl. markieren, Aufgaben verstecken – und sich möglichst noch eine Hilfe engagieren (nette Eltern oder größere Kinder), 1 Trillerpfeife (ausnahmsweise!)

Etwas mehr Anreiz besteht, wenn wieder mit 2 Stämmen gespielt wird, die im Abstand von 10 Minuten starten. Ein dicker roter Pfeil aus Pappe zeigt die Richtung, in der gesucht werden soll.

Aufgaben
- Sucht ein großes Blatt, das ihr zum Tragen der Schätze nehmen könnt
- sucht 5 Eicheln

- sucht 5 Bucheckernhülsen
- 1 Feder
- 1 Eichenblatt
- 1 Buchenblatt
- 1 Stein – vielleicht mit Loch?
- 1 Stück Rinde–wisst ihr von welchem Baum?
- 1 Schneckengehäuse
- eure Belohnung (eine Rolle Smarties z. B.)

Nach 30-40 Minuten sollte das Suchen durch die Trillerpfeife abgebrochen werden. Wenn alle Indianer zurück sind, werden die Schätze im Kreis begutachtet. Daraus lassen sich sehr schöne Collagen basteln (Sand und Tapetenkleister in eine Obstplastikschale geben und die Fundsachen hineindrücken) Wenn die Möglichkeit besteht, könnte das auch gleich vor Ort geschehen. Die Kinder hätten dann gleich einen Schatz zum Mitnehmen.

Auf dem Weg zur Turnhalle bzw. dem Ausgangsort singen wir unser Indianerlied.

4.2.8.8 Musizieren

Material: Blech- und Plastikeimer, Dosen auch Getränkedosen, großen Joghurtbecher, Pappkartons, Zellophanpapier, Alufolie, Topfdeckel, Kochlöffel, Erbsen, Reis, kleine Steine, auch Kastanien oder Eicheln – alles sollten die Kinder mitbringen.

Eine wirklich „andere“ Bewegungsstunde! Zu Beginn legen wir alles, was mitgebracht wurde, in die Kreismitte. Jedes Kind darf sein Material vorstellen und zeigen, welche „Musik“ es damit machen kann..

- Gleiche „Instrumente“ finden sich zusammen und geben einen Rhythmus vor, zu dem die anderen Kinder durch die Halle laufen. Sie können selber entscheiden, was sie dazu tun wollen: laufen, hüpfen oder gehen. Immer, wenn sich das Orchester auf den Boden setzt, müssen alle Kinder wieder zusammen kommen und ein anderes Orchester darf spielen. Automatisch ergeben sich ständig andere Bewegungsformen z. B. mit dem Eimer: Darauf getrommelt kann gut gelaufen, gehüpft usw. werden, mit rollenden Steinen oder Erbsen könnte man besser gehen, schleichen oder sich drehen.
- Gleiche Instrumente machen zusammen Musik und bewegen sich zusammen durch die Halle. Die anderen klatschen dazu. Jede Gruppe kann zeigen, was in ihr steckt!

- Ein Stammestanz soll erfunden werden – untermalt durch die jeweiligen Instrumente.

Zum Abschluss singen wir das Indianerlied – dieses Mal anstelle des Geheuls mit dem Instrumenten-Wirbel.

Keine Stunde für schwache Nerven, aber für viel Spaß und Kreativität!

4.2.8.9 Tanzen

Material: Plastikeimer, Blecheimer, Dose mit Erbsen, Dose mit Steinen

Nach der vorhergehenden „Musik-Erfahrung" können wir die Tanz-Erfahrung ausbauen. Die Kinder haben sich bereits an die Stammes-Aufteilung gewöhnt und auch an die Instrumente. Sicher sind schon Stammes-Namen entstanden. Wenn das noch nicht geschehen ist, beraten wir heute darüber.

Für Tanz unerfahrene Kinder bietet sich zunächst die Kreisform an, z. B.

- alle Kinder gehen im Kreis in eine Richtung zur Plastikeimer-Trommel. Nehme ich die Blecheimer-Trommel, gehen sie in die andere Richtung. Halte ich die Trommel hoch, geht es in die Mitte. Senke ich die Trommel, gehen alle zurück zur Kreislinie und klopfen sich mit Geheul auf den Mund. Schüttele ich eine Dose mit Steinen, können sie stampfen. Schwenke ich eine Dose mit Erbsen, kann sich gedreht werden.
- Tanz nach Musik z. B. „Ku-tschi-tschi" von fidula-fon. Diese Tanzmusik bietet ganz klare Strukturen und lässt sich als Kreis oder auch als Formation einüben.
- Heute sollen sich die einzelnen Stämme einen Tanz ausdenken, zu dem sie sich ein Instrument aussuchen. Nach 15-20 Minuten sollten sie dann ihren Tanz vorstellen.

Zum Abschluss das ganze Indinanerlied, damit sich noch einmal alle zusammen bewegen können.

4.2.8.10 Schmücken und feiern

Material: alte Oberhemden, Federn, Krepppapier, Bänder und Gürtel, alte Krawatten, Scheren, Nadel und Faden, Klebstoff, Fingerfarben, Pinsel, Wassereimer, Küchenrolle

Das große Ereignis rückt immer näher. Die Ferien sind nahe. Wir haben ja als Ziel das Indianer-Fest geplant. Für dieses Fest schmücken sich die

Indianer. Ich hatte einige Eltern um Hilfe gebeten. Die Materialien bringen die Kinder mit.

Eine Indianer-Werkstatt ist aus Langbänken und Kästen entstanden.

Wir beginnen die Stunde mit dem Indianer-Lied und reisen so im Schnelldurchgang noch einmal durch die vorangegangenen Wochen.

Die Stämme finden sich zusammen und bilden eine Arbeitsgemeinschaft und planen ihre Kleidung:
- aus alten Hemden werden Fransen-Überwürfe
- aus Bändern und Federn basteln wir Kopfschmuck
- an alten Gürteln lassen sich die Krawatten zu Streifen-Röcken verarbeiten
- mit Farbe werden die Gesichter geschminkt

Wenn alle fertig sind, gibt es die Indianer-Modenschau (natürlich mit ein wenig körperlichem Einsatz):
- über eine Kastentreppe führt der Weg auf einen hohen Kasten, dann weiter über eine Langbank hinunter und wieder eine Bank hinauf auf einen hohen Kasten
- mit mehr oder weniger eleganten Sprüngen landen die Models auf einer Weichbodenmatte.

Zum Abschluss zeigen die Stämme noch einmal ihren Tanz und finden sich zum „Ku-tschi-Tschi“ zusammen.

In der letzten Stunde vor den Ferien feiern wir das große Fest. Es werden so viel Zelte aufgebaut, wie möglich. In der Mitte des Indianerdorfes steht unser Grill. Nachdem noch einmal getanzt wurde, gibt es Indianer-Bratwurst und als Nachtisch Indianer-Waffeln.

Und natürlich noch einmal: das Indianer-Lied.

5. Im Herbst

Im Herbst ist Erntezeit. Man muss auf Bäume klettern, um Äpfel zu ernten. Das Getreide wird eingefahren. Drachen können sich im Herbstwind tummeln. Es gibt in manchen Gegenden Oktoberfeste oder Kirmes. Dem trage ich beim Aufbau in der Halle Rechnung.

Die Klettergerüste (Sprossen- und Leiterwände) sind ausgefahren. Zur Orientierung verbinde ich sie mit Tauen. Die Kinder können daran entlang gehen, sich aber auch auf Rollbrettern daran weiterziehen. In die Sprossen wird eine Bank gehängt als Rutschbahn.

Als Oktoberfest-Anteil gibt es eine „Geisterbahn“. Das sind Weichteil-Turnelemente (Bögen, Quader, Rollen, Therapiebälle), die kreuz und quer durcheinander gelegt werden. Zwischen den Teilen sind nur kleine Lücken. Das ganze Gebilde wird mit einem Schwungtuch oder Fallschirm verhüllt. Es gibt einen Eingang und einen Ausgang. Durch dieses Gewirr können die Kinder krabbeln oder auch auf Rollbrettern fahren. Wenn sie das nicht alleine mögen, geht es ja auch zu zweit.

Ein Karussell wird mit einem Kreisel und einer kleinen Turnbank gebaut. – Und natürlich viele Schaukelmöglichkeiten!

Unser „Bonbon-Lied“ ist nun: „Der Herbst, der Herbst, der Herbst ist da. Er bringt uns Wind, hei, hussassa.“ (auch fidula-fon Kinderlieder).

Das Bankquadrat bleibt die Bonbon-Ecke.

5.1 Gedanken zum Thema

Zu sehen ist:

- abgemähte Felder
- Trecker pflügen
- reife Früchte werden geerntet
- Drachen steigen
- die Bäume verlieren schon Blätter
- die Vögel fliegen nach Süden
- es wird früher dunkel

Zu hören ist:
- das Knattern der Trecker
- Wind
- Regen auf den Fensterscheiben

Zu fühlen ist:
- Wind und Wetter
- schöne runde Äpfel
- Laub, Eicheln, Kastanien usw.
- es wird kühler

Beschäftigungen:
- Rad fahren
- Gartenarbeit
- Laub harken
- Laterne gehen
- Drachen steigen lassen
- zum Jahrmarkt gehen

Wie bewegt man sich?
- viel Bücken bei der Gartenarbeit
- mehr gehen als sitzen, weil es zu kalt werden kann
- auf Bäume klettern
- mit dem Drachen laufen

Musik:
- Herbstlieder
- Laternenlieder
- Musik zum Kuscheln

5.2 Angebote

5.2.1 Windmaschine

Die erste Hallenstunde im Herbst erleben die Kinder durch den neuen Aufbau sehr intensiv und sind meistens so vertieft in die neuen Bewegungsangebote, dass der Abschluss nur kurz sein kann.

Daher kommt die „Windmaschine“ zum Einsatz. Zum Lied „Der Herbst, der Herbst“ wedeln wir das Schwungtuch in allen Variationen und wiederholen immer wieder.

Den Kindern wird das selten zu viel – höchstens unseren Armen!

Als Abschluss schwingen wir das Tuch so hoch, dass wir alle darunter gehen können. Wir halten es hinter dem Rücken fest und setzen uns – in unser Zelt.

5.2.2 Apfelernte

Im Bankquadrat sitzen oder liegen die Kinder auf dem Boden. Wir lassen viele Tennisbälle, Gymnastikbälle, Luftballons über die Kinder rollen. Ohne etwas erklären zu müssen, greifen sich die Kinder das, was sie am liebsten mögen und spielen damit.

Nach ausreichender Probierzeit sammeln wir die „Äpfel“ in einem Schwungtuch mit großem Loch in der Mitte. Alles wird geschwungen und bewegt, bis die die Äpfel durch das Loch gefallen sind – alles beginnt aufs Neue.

Die abschließende Ernte geschieht durch das Einsammeln der Bälle in Wannen.

5.2.3 Strohrollen

Material: Therapiebälle in unterschiedlichen Größen, Schwungtuch

Seit einiger Zeit sieht man ja keine Strohballen, sondern große Rollen auf den Feldern.

Wir stellen uns nun vor, dass wir zwischen diesen dicken Rollen einen Weg suchen müssen. Natürlich haben wir kein Stroh. Wir nehmen dafür so viele große Therapiebälle, wie wir zusammen bekommen. Es sollte richtig schön eng im Bankquadrat sein.

Wenn das Tuch von dem schon neugierig beäugten Platz gezogen wird, verstehen die Kinder ohne Worte! Sie wuseln und krabbeln durch die Enge, klettern und rutschen hinauf und wieder hinunter, bleiben darauf liegen. Von außen kann man dann den Impuls zur Bewegung des Ganzen geben, indem man versucht, alles zusammen zu schieben.

Außerhalb des Quadrates habe ich 2 Weichbodenmatten zusammengelegt. Darauf kann der Strohballen-Bauch-Kampf geführt werden. Jeweils 2 Kinder nehmen je 1 Ball vor den Bauch und versuchen sich umzustoßen. Alle anderen Kinder sind Schiedsrichter. Sowie ein Kind umgefallen ist, kommt das nächste Paar an die Reihe. Eine schöne und ungefährliche Form, etwas aggressiv sein zu dürfen!

Zum Abschluss geht es wieder in das Quadrat mit allen Bällen. Darüber kommt das Schwungtuch – und oben drauf nach und nach ein Kind, das von dem hin und her gezogenen Tuch auf der weichen, wackligen Unterlage geschaukelt wird.

Wenn das Tuch noch etwas auf und ab geschwungen wird, liegt man wie auf einem Wellenmeer.

5.2.4 Fühlwannen – Fühlecken

Material: Kastanien, Eicheln, Kiefernzapfen usw., Plastikwannen, Joghurtbecher, Matten

Innerhalb des Bankquadrates liegen ringsherum Matten.

Die Kinder haben eifrig Kastanien usw. gesammelt. Wir stellen in die Mitte Plastikwannen, in die das gesammelte Material hineinkommt. Ein Kind nach dem anderen darf vorsichtig mit den nackten Füßen in die Wannen treten.

Mit einem Joghurtbecher holen sich die Kinder dann aus den Wannen, was sie möchten, spielen damit ein wenig und kippen es in das Bankquadrat zwischen die Matten. Wenn alles verteilt ist, lege ich das Schwungtuch darüber. Die Kinder dürfen dann darüber gehen und spüren, wie wacklig die Angelegenheit ist.

Wenn sie sich mit dem Rücken darauf legen und das Tuch bewegt bzw. hin und her gezogen wird, erhalten sie eine richtige Ganzkörper-Massage!

Aufgeräumt wird mit den Füßen: Alles wird zwischen die Füße oder die Zehen genommen und wieder in die Wannen befördert.

5.2.5 Fühl-Parcours

Material: s. o. und Kies, Sand, Laub, Holzschedder, Folie, Gemüsesäcke

Hierfür werden flache Kartons oder Plastikschalen mit Kastanien, Eicheln, Kies, Sand, Laub, Holzschredder usw. gefüllt und auf das Tuch (oder eine Folie) im Bankquadrat gestellt. Die Kinder können je nach Wunsch mit den Händen oder Füßen den Inhalt fühlen. Wer mag das mit geschlossenen Augen? (Augen verbinden halte ich für nicht gut, da leicht Ängste geweckt werden. Freiwillig die Augen schließen die meisten Kinder lieber.)

Anschließend wird das Material in die Gemüsesäcke gefüllt – es gehen auch kleinere Kissenbezüge. Wir nutzen sie als Fühlsäcke wieder für

Hände und Füße. Mit diesen Säcken können sich die Kinder aber auch gut gegenseitig abrubbeln.

Nebeneffekt: So kann man alles gut aufbewahren!

5.2.6 Herbstlaub

Material: Laub, Besen, 2 Malerfolien

Wenn es nicht möglich ist, sich draußen in einem Laubhaufen zu wälzen (es werden ja immer mehr Laubsauger eingesetzt), holen wir einen großen Sack voll Laub in das Bankquadrat und kippen ihn in die Mitte. Begleitet wird die Aktion mit dem Lied: „Der Herbst, der Herbst, der Herbst ist da, er bringt uns Laub, hei hussassa!" Das Bankquadrat ist mit einer Malerfolie ausgelegt.

Die Kinder stürmen das Quadrat, setzen sich in das Laub, rollen herum – bestimmt werfen sie es hoch und bewerfen sich gegenseitig damit (der Besen!). Neben dem Quadrat habe ich gleich noch eine Folie ausgebreitet. Wenn die Kinder sich ausgiebig mit dem Laub beschäftigt haben, soll es auf diese andere Folie transportiert werden – wie auch immer: geworfen, gepustet, mit den Füßen usw.

Wenn „der Garten" sauber ist, legen sich alle Kinder auf den Rücken und die Folie mit dem Laub wird vorsichtig über sie gezogen und auf und ab geschwungen. Die Blätter können richtig schön durcheinander wirbeln und von den Kindern beobachtet werden.

Eine Malerfolie ist eine wunderbare Sache, weil man hindurch sehen kann und sich darunter nicht gefangen fühlt.

5.2.7 Laterne gehen

Material: Laternen mit Batteriebetrieb, großes Schwungtuch

Wir sitzen alle auf den Bänken im Bankquadrat, das Licht ist aus, die Laternen an, und singen ein Laternenlied, z. B. „Auf den Straßen auf und nieder leuchten die Laternen wieder …"
Dazu schwenken wir die Laternen im Takt.

Dann fassen sich die Kinder zu einer langen Schlange und ich führe die Laternenschlange durch die Halle. Immer wieder fordere ich sie auf, die Laternen auszuschalten. Dann stehen wir im Dunkeln und überlegen, wo wir gerade sind – und weiter geht es! Bis wir wieder bei den Bänken angekommen sind.

Alle setzen sich mit ihren Laternen in die Mitte. Jetzt wedelt das Schwungtuch einen milden Abendwind, um sich dann zu einem „Zelt“ zu bauschen, unter dem wir alle einen Moment die Nähe spüren.

5.2.8 Glühwürmchen

Material: Taschenlampen, Meditations- oder Entspannungsmusik

Für diesen Bonbon versammeln wir uns lediglich im Bankquadrat, um das Weitere zu besprechen und die Taschenlampen zu verteilen. Es reicht, wenn für die Hälfte der Kinder je eine Lampe vorhanden ist.

Wenn es für die Kinder noch neu ist, sich in einer dunklen Halle oder einem dunklen Raum zu bewegen, verteilen sie sich noch bei Helligkeit. Erst dann verdunkle ich den Raum – natürlich besonders schön, wenn man dichte Jalousien hat. Ich spiele dann gern eine Entspannungsmusik mit Naturgeräuschen. Die Glühwürmchen, d. h. die Kinder mit Taschenlampen, knipsen die Lampen an und bewegen sich zu der Musik durch die Halle. Wenn die Musik stoppt, bleiben die Kinder stehen und die anderen suchen den Weg zu ihnen.

Dann wechseln die Glühwürmchen und alles beginnt von neuem.

Durch diese Einheit wird vielen Kindern die Angst vor Dunkelheit genommen. Sie empfinden es als spannend und entspannend zugleich, denn es geht ziemlich ruhig zu.

Als Abschluss führen die Glühwürmchen die anderen Kinder wieder in das Bankquadrat. Das Licht geht wieder an und der BINGO kann starten.

5.2.9 Licht fangen

Material: Taschenlampen

Um sich einzugewöhnen, spielen wir dieses zunächst im Bankquadrat im Dunkeln. Alle Kinder sitzen auf den Bänken. Ein Kind nach dem anderen darf mit der Taschenlampe ein Kind anleuchten und es dann auffordern, auf dem Lichtstrahl zu laufen. Man kann den Strahl auch hüpfen lassen und allerlei Figuren zeichnen.

Der Lichtstrahl führt dann das Kind zu mir. Jetzt darf das Kind den Strahl senden.

Nach dieser eingegrenzten Situation kann man zum freien Raum wechseln:

Eine oder mehrere Taschenlampen leuchten Punkte auf dem Boden an, die die Kinder einfangen sollen. Die Aufgabe lässt sich ausbauen: Nicht nur mit den Füßen, sondern mit den Händen soll der Lichtpunkt gefangen werden! Das erfordert gute Raumorientierung und Rücksichtnahme, damit man im Dunkeln nicht aneinander rempelt. Aber es macht riesig Spaß!

5.2.10 Zirkus

Dieses Thema bietet sich an, weil gerade im Herbst der kleine Zirkus in allen möglichen Orten seine Vorstellungen anbietet, um noch genügend Einnahmen vor dem Winterquartier zu erlangen. Schön, wenn man auch eine solche Vorstellung mit den Kindern ansehen kann.

Vielleicht ist dieses eine Abschluss-Stunde (kein Bonbon) für die Stunde vor den Herbstferien? Wenn man schon etwas vorher geübt hat, könnten dazu die Eltern eingeladen werden.

Es gibt:

- Einmarsch mit Squaredance- Musik
- Seiltänzer = auf Langbänken bzw. umgedrehten Bänken balanäeren die Kinder mit Regenschirmen und zeigen ihre Figuren
- Trapez-Künstler = an den Ringen gut befestigte Gymnastikstäbe dienen als Trapez, an dem geschwungen – und je nach Möglichkeit mehr – gezeigt werden kann
- Pferde = über das Bankquadrat galoppieren und springen die Pferde, werden als Gespann zu zweit mit Springseil geführt usw.
- Seehunde = vom Mattenberg rollen sie hinunter, rutschen über den Boden und balanäeren in einer Hand einen Ball
- Bären = sie lassen sich gemütlich auf dem Rollbrett schieben und bauen sich gefährlich brummend vor den Zuschauern auf
- Elefanten = um alle Aufbauten herum gehen schaukelnd die Kinder, die Hand an der Nase, den anderen Arm durch den oberen Arm geschoben als Rüssel – oder sie halten sich einfach nur mit Springseilen verbunden
- Gewichtheber = Gymnastikstäbe mit Luftballons werden schwer atmend gestoßen und gehoben
- Tarzan = er schwingt sich brüllend am Tau von einem Kasten zum anderen und zurück
- Das Riesen-Ungeheuer = unter dem Schwungtuch versammeln sich die Kinder und versuchen, ein Ungeheuer zu gestalten. Alle gehen zusammen unter dem Tuch mit Grollen, Zischen usw. durch die Arena.

- Die große Parade zum Schluss = wie im wirklichen Zirkus marschieren alle Akteure in die Arena und drehen eine Ehrenrunde zur Musik.

Noch mehr Spaß macht alles, wenn man für eine kleine Kostümierung sorgt – sie evtl. sogar mit den Kindern zusammen herstellt.

6. Im Winter

An der Sprossenwand sind zwei Langbänke eingehängt, auf denen die große Weichbodenmatte liegt. Das ist unser Rodelberg. Die Kinder können seitlich an den freien Sprossen hinaufklettern oder die daneben gestellten kleinen Kästen als Hilfe nehmen.
Wie sie den Berg dann bewältigen wollen, ist ihnen freigestellt: rollend, rutschend, kullernd, laufend ...

Als Schlitten, die kreuz und quer durch die Halle gezogen werden können, dienen alte Wolldecken und kleine Teppichmatten oder kleine Turnmatten mit einem Rollbrett darunter.
Als Riesenbob bewegt sich eine Langbank auf zwei Rollbrettern durch die Halle. Schlittschuh-Laufen kann man auf Staubtüchern probieren.
Die Schaukelmöglichkeiten bleiben bestehen, ebenso die kleinen Trampoline, damit zwischendurch die Kinder immer mal wieder etwas „Dampf" ablassen können.

Wenn es möglich ist, geht es natürlich auch ins Freie.

6.1 Gedanken zum Thema

Zu sehen ist:

- oft grauer Himmel, aber auch strahlender Sonnenschein und blauer Himmel
- es wird früh dunkel
- weiße Schneeflocken
- dicke Regentropfen
- früh eingeschaltete Straßenbeleuchtung
- kahle Bäume
- vermummte Menschen
- rote Nasen
- Schneeräum- und Streufahrzeuge

Zu hören ist:

- Winterstürme
- Kinderlachen beim Rodeln
- Knirschen des Schnees unter den Füßen
- Knacken des Eises
- Krähengeschrei
- Weihnachtsmusik

Zu fühlen ist:
- Kälte im Gesicht und an den Händen
- Frieren am ganzen Körper
- der Schnee, erst kalt, dann warm, dann feucht
- Wind
- Wärme beim Kuscheln

Beschäftigungen:
- Kuscheln
- Rodeln, schlittern, rutschen
- Schneemann bauen
- Schneeballschlacht
- Geschenke packen
- basteln
- Fasching feiern
- Verkleiden

Bewegungen:
- vorsichtig, weil es glatt ist
- schnell beim Rodeln
- gleiten beim Schlittschuhlaufen
- großräumig beim Skilaufen

Musik:
- Winterlieder
- Entspannungsmusik
- Märchenlieder
- Faschingslieder

6.2 Angebote

6.2.1 Grauer Himmel, Sturm, Kuscheln

Material: Schwungtuch, Meditationsmusik

In dem Bank-Quadrat liegen oder sitzen alle Kinder, nachdem sie die Halle durchforscht haben. Mit 2 – 3 Helfern ziehe ich dann das Schwungtuch über die Kinder. Das Tuch wird zunächst ganz sacht bewegt. Ich erzähle dazu:

„Der Herbst ist vorbei. Langsam zieht der Winter ein. Es wird immer früher dunkel und die Sonne scheint nicht mehr so oft. Dicke Wolken ziehen auf und der Wind wird immer stärker.“

Das Tuch wird nun schon heftiger bewegt. Den Kindern darunter stehen wirklich die Haare zu Berge.
„Manchmal gibt es auch einen Wintersturm. Dann rauscht und bollert es an den Fenstern. Die Kinder machen sich ganz klein, damit sie nicht weg geweht werden."

Nun schwingen wir das Tuch so schnell und stark, dass Geräusche zu hören sind. Die Kinder lieben das sehr und quietschen vor Vergnügen.
„Aber auch der stärkste Sturm ist mal vorbei. Plötzlich ist es ganz ruhig."
Dabei wird das Tuch gleichzeitig von allen Seiten festgehalten, so dass ein Gewölbe entsteht, unter dem alle ganz still werden. Während des Schwingens ertönt leise Meditationsmusik (Ich nehme gern „Relax with... Desert winds", Pilz Music, Inc.)

Einige Zeit lassen wir die Stille und die Nähe wirken, bevor das Tuch behutsam weg gezogen wird.

Diese Aktion lieben die Kinder sehr. Die lebhaften kommen zur Ruhe, die ängstlichen genießen die Nähe und alle können herzhaft darüber lachen, dass ihnen die Haare zu Berge stehen und alle aussehen wie kleine Struwwelpeter.

6.2.2 Schnee – Schneeräumer

Material: Papier, 1 stabiler Karton

Der Boden des Bankquadrats ist mit Papier ausgelegt. Noch bekomme ich das Endlos-Computer-Papier, das aber immer seltener verwendet wird. Man kann auch Zeitungspapier nehmen, aber das färbt meistens. Sehr schön ist Blumen-Einwickelpapier oder Packpapier. Wichtig sind größere zusammenhängende Bahnen.

Die Kinder liegen oder sitzen auf der „Schneefläche", während ich eine lange Papierbahn hin und her über sie hinweg ziehe und wedele: „Der Winterwind weht!"

Die Kinder greifen nach dem Papier und dürfen es zerreißen, bis sie von vielen Flocken umgeben sind. Zu „es schneit, es schneit!" greifen sie in die Flocken, werfen sie hoch über ihre Köpfe. Es sieht lustig aus, wenn alle völlig mit Papierflocken übersät sind. Wir stehen auf und schütteln den Schnee von uns, laufen und krabbeln darin herum, bis der Schneeräumer kommt – ein Karton, der mit der Öffnung nach vorn durch den Schnee geschoben wird.

Alle Kinder fegen den Schnee mit Händen und Füßen hinein. Wenn der Schneeräumer einmal umkippt, wird das mit Juchzen zur Kenntnis genommen und das Räumen zieht sich etwas in die Länge!

6.2.3 Schneemann – Schneebälle

Material: Papier, 3 leichte Kartons

Der Boden ist wie vorher beschrieben ausgelegt. Auch der Anfang mit dem Schneewind bleibt. Doch dieses Mal werden keine kleinen Flocken gerissen, sondern größere Stücke, die man dann zu Schneebällen knüllen kann.

Zunächst entsteht eine Schneeball-Schlacht, auch in die Kleidung können die Bälle gesteckt werden.

Dann wird aus den drei leichten Kartons ein „Schneemann" gebaut, den die Kinder abwerfen können.

Zum Schluss kommt wieder der Schneeräumer.

Hierbei muss man jedoch etwas „leiten", damit nicht etwas schüchternere Kinder überrollt werden. Es muss akzeptiert werden, wenn z.B. ein Kind keine Schneebälle in die Kleidung gesteckt bekommen möchte!

6.2.4 Schnee und Eis

Material: Papier, 2 leichte Malerfolien, Styropor-Flocken

Wieder gibt es den Papierboden. Dieses Mal lege ich eine Malerfolie darüber- Die Kinder ziehen die Turnschuhe aus, damit sie auf Strümpfen etwas rutschen können, denn die Malerfolie ist unser zugefrorener See. Vom vielen Rutschen sind irgendwann alle müde und legen sich einfach auf das „Eis". Mit meinen Helfern halte ich eine weitere Folie über die Kinder. Wir rascheln und wedeln zunächst: es ist wieder Winterwind und dann -sturm.

Wenn sich der Sturm gelegt hat, beginnt es zu schneien:
Aus einem großen Karton kippe ich Styroporflocken auf die Folie (schön sind die aus einer Maismasse gemachten, weil es dann kein Problem mit einer evtl. Geschmacksprobe gibt!)
Zum Lied „Schneeflöckchen, Weißröckchen ..." wirbeln wir die Flocken hoch und durcheinander. Da die Folie sehr leicht ist, kann sie sehr tief auf die Gesichter der Kinder gesenkt werden und die Berührung und das „Schneetreiben" wird intensiver erlebt.

Wuselig wird es dann, wenn wir die Flocken von der Folie auf die Kinder fallen lassen. Man kann herrlich darin herumtoben! Aber auch das schönste Vergnügen ist einmal zu Ende:

Der Schneeräumer kommt wieder – aber er hat einige Male ein „Panne“ und kippt den gesammelten Inhalt einfach wieder über den Köpfen aus.

Das Aufräumen ist nicht schwer, da ja auch unter den Kindern noch die „Eisfolie“ liegt. Man kann einfach alles zusammen falten – und für eine Wiederholung gut aufbewahren.

6.2.5 Am Nordpol

Material: Stärkere Malerfolie, Gymnastikreifen, Bohnensäckchen, Handtrommel, Musik

Wir sind Eisbären und haben unsere Vorratskammer (einen Karton) im Bankquadrat. In der Halle liegen Gymnastikreifen verteilt. Das sind unsere Eisschollen, auf denen wir uns sonnen. In der Nähe liegt die Malerfolie – unsere Eisfläche. Auf der Eisfläche sind die Bohnensäckchen verstreut – so viele wie möglich – es sind die Fische. Jedes Eisbär-Kind sucht sich eine Scholle.

Mit einem Trommelwirbel wecke ich die Eisbären und sie bekommen Hunger. Sie verlassen ihre Eisschollen und „schwimmen“ erst einmal durch das kalte Wasser – die Halle. Die Trommel begleitet das Laufen, gehen, schwimmen usw. Bei Trommelstopp rutscht jeder Eisbär auf das Eis und schnappt einen Fisch und bringt ihn in die Vorratskammer. Jedes Mal wird die Transportart geändert: mit der linken, der rechten, beiden Händen, zwischen den Füßen, den Knien, auf dem Kopf, auf der Schulter – den Kindern fällt bestimmt was ein!

Dann sucht es sich eine neue Eisscholle aus. (Es wird schwieriger, wenn die alte Scholle wieder gefunden werden soll – Raumorientierung! Für größere Kinder kann das Ganze noch mehr gesteigert werden, indem sie sich bis zu 3 Plätze merken müssen und dann bei jedem neuen Aufsuchen „2“ oder „1“ usw. gerufen wird.)

Wenn alle Fische gefangen sind, sitzen die Eisbären mittendrin und freuen sich über den reichen Fang, müssen sich aber erst einmal erholen.

Sie kuscheln sich so aneinander, dass sie sich gegenseitig streicheln können – wenn sie mögen. Dazu spielt eine Meditationsmusik.

6.2.6 Geschenke einpacken

Material: Papier, Toilettenpapier, Springseile, sehr dicke Wolle, Musik

Nach dem Bewegungsprogramm liegen alle Kinder wieder im Bankquadrat, das üblicherweise mit einem großen Tuch ausgelegt ist, auf dem Bauch. Damit sie sich schon einmal an die dann folgende enge Berührung gewöhnen, rollen sie sich gegenseitig – oder wenn genügend Helfer da sind, machen die das – mit Papierbällen und Tennisbällen ab. Es spielt eine ruhige Musik nach Wahl.

Dann erzähle ich, dass ja nun bald Weihnachtsgeschenke gekauft oder gebastelt werden. Wir entscheiden uns, Puppen zu kaufen, diese schön einzupacken zum Verschenken.
Wer möchte die Puppe sein – wer der Einpacker? Sicher wird man ein wenig helfen müssen, damit sie die Gruppe gut aufteilt, aber es wird ja auch gewechselt, so dass jeder einmal an die Reihe kommt: Mit dem Toilettenpapier werden die Puppen vorsichtig eingewickelt. Es geht aber auch, dass die Puppe nur verschnürt wird mit Springseilen oder der Wolle.

Danach kann entweder die eingepackte Puppe herumrollen, bis die Verpackung weg ist oder sie wird ganz vorsichtig ausgepackt. Das richtet sich nach Alter und Können der Kinder. Die verschnürte Puppe muss auf jeden Fall vorsichtig wieder abgewickelt werden. Beides sind sehr gute Möglichkeiten, das Handgeschick zu trainieren!

Es macht aber auch Freude, wenn alle ein „Geschenk“ einpacken. Das geht dann auch gut mit dem Computerpapier oder Blumen- oder Packpapier. Das Einschnüren würde ich nur anbieten, wenn ich weiß, dass die Kinder sehr aufmerksam und vorsichtig sind.

Bei kleinen Kindern mache ich mir den Spaß, dass ich ein eingepacktes oder verschnürtes Paket nach dem anderen an einen bestimmten Platz trage – dabei können natürlich auch die Kinder helfen.

Das gesamte Papier wird nicht etwa entsorgt, sondern in alten Bettbezügen gesammelt. Die lassen sich dann gut gefüllt prima als Tobe- oder Ruheecken verwenden!

6.2.7 Der Zauberberg

Die Vorweihnachtszeit ist eine für alle Kinder magische Zeit, so dass Zauberei und Märchen besonders gut angenommen werden.

Material: 1 Tau, Reifen, Großes Schwungtuch, Verkleidungsstücke wie Hüte, Schleier, Tücher, Gardinen usw., Baukisten mit Filmdosen, Korken, Garnhütchen (hatte ich aus einer Weberei erstanden), Joghurtbechern, Brettchen usw.

Im Bankquadrat liegen oben genannte Materialien unter einem großen Schwungtuch versteckt. Am Rand der Halle liegen Reifen mit je einem Gegenstand aus dem Zauberberg.

Nach nur kurzem Bewegen mit dem Hallenaufbau kommt mein Schnellzug – das Tau, an dem alle Kinder anfassen und mitfahren, bis wir auf den Bänken angekommen sind.
Ich erzähle ihnen:
„Der Zauberer Zauberbart hat alles, womit Kinder gern spielen, geklaut und in seinem Berg versteckt. Aber ich habe seinen Zauberspruch heraus bekommen und kann so an die Schätze gelangen. Wenn einer seinen Hut aufsetzt und den Spruch sagt, können die Kinder sich ein Stück des Schatzes holen und es in die Ecke bringen, wo es hingehört und damit spielen. Man darf aber immer nur ein Stück nehmen, sonst ist der Zauber vorbei!“

Ich setze mir einen alten Hut auf und rufe „Hokus pokus Zauberbart!“ und die Kinder stürzen sich auf den Berg – und müssen sich sehr beherrschen, um wirklich nur ein Stück unter dem Tuch heraus zu ziehen. Mit diesem Teil machen sie sich auf die Suche nach dem passenden Reifen, legen es ab und steigen wieder in den Zug zur Bank. Ein anderes Kind bekommt den Hut auf und ruft den Zauberspruch usw.

Wenn der Berg leer ist, fährt der Zug zu den Spielecken und die Kinder haben Zeit, etwas zu probieren, bis der Zug zur nächsten Station fährt.

6.2.8 Märchen bewegt erleben: Schneewittchen

In dieser Zeit werden viele Märchen als Theater angeboten und vorgelesen. Ich versuche, sie auch zu „bewegen“. Übrigens eine schöne Möglichkeit, auch den Eltern oder anderen Kindern etwas vorzuführen. Ich finde es sehr wichtig, dass die Eltern mit einbezogen werden.

Material: Musik „Tanzlieder für Kinder“ fidula fon „Wir sind die sieben Zwerge“ und „Schneewittchens Hochzeit“, Matten, hohe Kästen, Langbänke, kleine Kästen, Weichboden, Schwungtuch.

Vorschlag für einen Hallenaufbau:

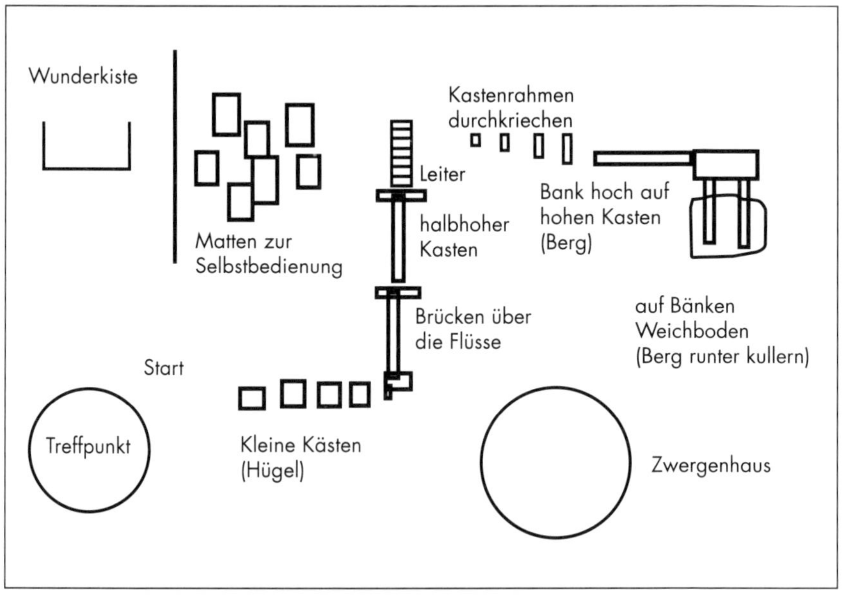

Ähnlich wie der Zauberberg ist die Wunderkiste gefüllt mit allem, was für Schneewittchen wichtig ist: Zipfelmützen, Laternen, Kleidung für Schneewittchen, Krone für den Prinzen, Kleidung für die Königin-Hexe …

Zu Beginn wird erzählt, was wir heute vorhaben. Dann suchen sich die Kinder aus der Wunderkiste Verkleidung heraus. Zum Lied „Wir sind die sieben Zwerge“ gehen die Kinder mit entsprechender Mimik und Gebärde durch die Halle. Am Ende kommen sie im Treffpunkt zusammen und die Geschichte beginnt:

Die Zwerge haben einen weiten Weg zu ihren Bergen zurück zu legen. Mal gehen sie schnell, mal langsam, mal rennen sie eine Strecke, um dann wieder Pause zu machen. Sie legen sich hin und fühlen, wie ihre Herzen pochen und der Atem schwer geht durch die Anstrengung. Gut ausgeruht wandern sie weiter und suchen ihren Weg durch die Täler zu den Bergen (hohe Kästen). Dazu müssen sie Flüsse über Brücken überqueren (Bänke auf dem Boden). Langsam wird das Gelände immer steiler und nur schmale Stege führen nach oben (Bänke auf kleine Kästen, Bänke in Taue gehängt als Wackelbrücke). Auf dem höchsten Berg angekommen, sehen sie im Tal ihr kleines Haus. Da wollen sie ganz schnell hin und rollen vor Begeisterung den Berg hinunter (am Kasten hängen zwei Schwebebänke, auf denen ein Weichboden liegt).

Das Zwergenhaus ist ein Schwungtuch. Alle krabbeln unter das Tuch. Die Zwerge sind müde und schlafen ein – bis sie durch einen leichten Wind geweckt werden (mit Helfern wird das Tuch geschwungen). Die Zwerge recken und strecken sich und wählen ein Schneewittchen.

Zum Lied „Schneewittchens Hochzeit“ tanzen wir im Kreis, Schneewittchen tanzt in der Mitte und holt sich einen Prinzen herein. Alle Kinder bleiben stehen und klatschen – und ein anderes Kind möchte Schneewittchen oder Prinz sein.

Gerade solch ein Geschichten-Turnen ist meiner Meinung nach Psychomotorik pur. Es beinhaltet

- Materialerfahrung sowie Raumorientierung (die Halle frei erkunden, eigenen Raum finden, niemanden behindern
- Körpererfahrung durch unterschiedliche Bewegungsformen wie laufen, krabbeln, klettern, hüpfen, rollen,durch die Anpassung an evtl. Verkleidungen und an die Musik
- Sozialerfahrung, sich absprechen, helfen, Regeln akzeptieren
- Handlungskkompetenz durch Suchen und Finden von eigenen Lösungen zu Bewegungs- und Handlungsaufgaben.

Einige Märchen lassen sich so gestalten und auch für eine kleine Aufführung nutzen.

6.2.9 Weihnachtsmarkt

Für diese Stunde sind in der Halle keine Geräte aufgebaut, sondern Stationen als „Buden“. Gleich nach dem Musik-Beginn „bummeln“ wir über den Weihnachtsmarkt:

- In dem Geräteraum, der etwas abgeschlossener ist, befindet sich eine **Riechbude**: Unter großen Joghurtbechern liegen kleine Stoffsäckchen mit Orangenschalen, Zitronenschalen, Nelken, Pfeffer, Vanille, Marzipan, Äpfel usw.
- In einer **Fühlbude** gibt es Kartons mit einem handgroßen Loch zum hindurch Greifen. Inhalt: Äpfel, Nüsse, Apfelsinen, Mandarinen, Bananen, Plätzchen, Strohsterne, Weihnachtskugeln, Tannenzapfen, Tannenzweige.
- In der **Windbude** pustet ein Ventilator viele bunten Bänder und Plastikstreifen, die an einem Reifen aufgehängt sind, durcheinander. Das Kind steht wie unter einer Dusche mittendrin.
- Kleine Kostproben von den Obstsorten aus der Fühlbude, aber auch Schälchen mit Zucker, Salz, Mehl, Saft und Wasser können in der **Schmeckbude** probiert werden.
- In einer dunklen Ecke, die durch Decken abgetrennt wird, sind kleine Wasser-Leuchtsäulen, Windlichter, Taschenlampen und eine Disco-Kugel zu sehen. Auf dem Boden liegt eine weiche Matte. Das Kind kann es sich hier zu leiser Musik bequem machen.
- Auch in der **Duftecke** liegen Matten, auf einem hohen Kasten stehen Aroma-Teelichter. Die Kinder dürfen sich ihren Duft aussuchen und zu leiser Musik entspannen.

Wir lassen den Kindern viel Zeit an den einzelnen Stationen. Zum Schluss versammeln sich alle auf den Bänken des Quadrats – in der Mitte steht eine große Kerze. (An die Sicherheit denken und einen Eimer mit Wasser bereitstellen!)
Wir singen „Tragt in die Welt nun ein Licht …“ und dann gibt es Kekse!

Das ist eine schöne Schluss-Stunde vor den Weihnachtsferien.

7. Angebote in der Kleingruppe

Zwischen dem Eintauchen in die große Gemeinschaft und dem Wahrnehmen vieler Menschen und Geräusche, wie es im Spielturnen geschieht, und der Einzelförderung besteht in der Kleingruppe eine für alle Beteiligten befriedigende Erfahrungsmöglichkeit.

1. Die Kinder stehen mir nicht allein gegenüber
2. Ich muss sehr viel flexibler sein
3. Die Fähigkeiten der Kinder können sich ergänzen
4. Ein vorsichtiges Annähern ist möglich
5. Langsames Lösen vom Erwachsenen wird geübt
6. Der Rahmen ist überschaubar

Um eine gute Atmosphäre zu bekommen, ist es wichtig die passenden Kinder zusammen zu bringen. Das heißt nicht, gleich schwache oder starke Kinder in eine Kleingruppe zu nehmen. In meiner Arbeit hat es sich bewährt, in einer Gruppe von zwei bis fünf Teilnehmern Kinder zu haben, die sich ergänzen und von einander „abgucken" können.

Das Ziel soll sein, die Kinder in ihrem sozialen Verhalten zu stärken und sie anzuleiten, andere in ihrer jeweiligen Eigenart zu akzeptieren. Die Inhalte reichen von Körperschulung über Wahrnehmungsübungen bis hin zu Regelspielen.

„Gemeinsam sind wir stark!" sollte dabei heraus kommen!

Die meisten nun folgenden Angebote stammen zwar aus meiner Arbeit mit taubblinden mehrfach behinderten Kindern, lassen sich aber gut auf Krabbelkinder, Kindergarten oder das erste Schuljahr übertragen, denn die Schwierigkeiten, die die behinderten Kinder zu überwinden hatten, kommen auch bei anderen Kindern vor, z. B. bei Kindern aus anderen Kulturkreisen oder Kinder mit Wahrnehmungsproblemen.

Auch bei diesen Bewegungseinheiten ist ein anheimelnder Beginn und ein schöner Schluss sehr wichtig!

7.1 Einander wahrnehmen – Dreier-Gruppe

Ich schildere den Beginn der Kleingruppenarbeit mit drei behinderten Kindern, um deutlich zu machen, wie sehr es sich um „Sprachlosigkeit", Aggression, Resignation, Verweigerung, Angst vor Nähe, Außenseitersein und erste soziale Schritte handelt.

Carsten war ein zehnjähriger Junge, der fast taub und stark sehbehindert war. Eine Sprachanbahnung hatte keinen wünschenswerten Erfolg gebracht. Er bemühte sich zwar, Laute hervorzubringen, wenn er sich bemerkbar machen wollte. Außer „ab", was so viel wie „lass mich in Ruhe, geh weg" bedeutete, gelang ihm nichts. Aufgrund dieser Sprachlosigkeit reagierte er häufig mit Aggression und später Resignation und Absonderung auf das Unverständnis der anderen. Er entwickelte sich zu einem Stubenhocker, der ständig in Bilderbüchern herumsuchte oder mit kleinen Geschicklichkeitsspielen hantierte. Wie gut seine Auffassungsgabe war, zeigte er, indem er mit Lego-Technik z. B. Tiere oder technische Gegenstände aus Bilderbüchern funktionsfähig nachbaute!

Bedingt durch die Sehbehinderung entwickelte er Fehlhaltungen, wie Rundrücken, Schieflage des Kopfes, Skoliose und eine große Bewegungsfaulheit. Die anderen Kinder interessierten ihn nicht, sie reagierten ja nicht auf seine Wünsche und konnten nicht das, was er gut fand.

Miriam war 9 Jahre und vor kurzem von zwar nur noch 10 % Sehvermögen voll erblindet. Auch sie war taub. Zu Beginn zeigte sie ein so aggressives, verweigerndes Verhalten, dass wir oft ebenso verzweifelt waren wie sie. Erst durch das Erlernen von Gebärden und dadurch der Möglichkeit, sich mitzuteilen, wurde sie zugänglich und ausgeglichener. Sie war der Beweis dafür, dass die Gebärde eine vollwertige Sprache ist!

Sie erlernte auch die Blindenschrift – wenn auch in eingeschränktem Maße, denn sie hatte nur wenige Wörter erlernen können, bevor sie erblindete. Aber sie konnte sich mitteilen, Wünsche äußern und Aufforderungen verstehen. Sie hatte sich von einem kleinen Wüterich, der ständig um sich schlug und trampelte, in ein neugieriges, Kontakt suchendes Mädchen gemausert, das auch auf Fremde zuging.

Regina war ebenfalls taub und sehr stark sehbehindert. Auch sie konnte mit ihren acht Jahren nicht sprechen. Da bei ihr zusätzlich eine geistige Behinderung vorlag, gelang es sehr viel mühsamer, ihr wenige Gebärden zu zeigen und sie aus ihrer Welt zu locken.

Sie erlernte jedoch die Gebärden, mit denen sie ihre Bedürfnisse ausdrücken konnte. Regina war ausgesprochen neugierig und erspähte mit ihrem geringen Sehvermögen alles, was für sie interessant war – vor allem leuchtende, glänzende Dinge. So nahm sie andere Menschen nur wahr, wenn sie für sie reizvolle Gegenstände besaßen.

Mit diesen Dreien unternahm ich meine ersten psychomotorischen Versuche mit behinderten Kindern. Sie suchten genau wie jedes andere Kind Anerkennung und Liebe.

7.2 Erste Berührungen – erste Kommunikation

Wir setzen uns zu einem kleinen Kreis auf den Boden. In die Mitte legte ich ein Tuch und darunter einen kleinen Gymnastikball, in den ich einen Stein gesteckt habe, damit darin Bewegung zu spüren ist.

Ich gebärdete Carsten, dass er den Ball holen und ihn Miriam geben soll – jedes Kind hat eine eigene Namens-Gebärde. Das tat er auch, aber der Ball wurde ihm nicht abgenommen. Miriam sah ihn ja nicht. Carsten musste nun wohl oder übel Miriams Hände anfassen und ihr den Ball direkt in die Hände legen.

Miriam wiederum sollte den Ball an Regina weitergeben. Sie musste den Ball erst einmal zwischen ihren Beinen ablegen, um mit den Händen zu orten, wo Regina saß. Erst dann konnte sie den Ball weitergeben.

Regina sollte dann mir den Ball geben. Sie verstand sehr wohl die Bitte-Gebärde, aber etwas herzugeben, fiel ihr ungemein schwer.

Das ist zwar eine sehr simple Übung, aber bis alles reibungslos funktionierte, dauerte es Wochen.

Der Ablauf mit Kreis und Tuch blieb lange gleich, während die Gegenstände unter dem Tuch wechselten. Nachdem das Tun sicher begriffen war, folgten die entsprechenden Gebärden zu den Gegenständen. Es kamen „Zwei-Wort-Sätze“ zustanden: „Carsten Ball“ oder „Miriam Becher“ usw. Der Bogen von der reinen Kontaktaufnahme zum miteinander kommunizieren war geschlagen.

Ich denke, dass auf diese Weise auch gut in einer gemischten Gruppe verfahren werden kann, z. B. Ausländerkinder oder ein oder zwei geistig behinderte Kinder in der Gruppe.

7.3 Wir gehören zusammen – vorsichtiges kennen lernen

5 – 10 Kinder

Ich sehe die neuen Kinder noch vor mir, wie sie am ersten Tag ohne die Eltern im Stuhlkreis saßen: Erwartung und Angst stand gemischt in ihren

Gesichtern. Mich sahen sie fragend und Hilfe suchend an, gegenseitig musterten sie sich abwartend. Sie hatten sich nicht ausgesucht, miteinander den Tag zu verbringen – und mich schon gar nicht. Aber schon bald siegte die Neugier und die Freude am gemeinsamen Tun.

Eine gute Möglichkeit, im wörtlichsten Sinn Verbindung herzustellen, ist das Spiel mit dem Wäscheleinen Knäuel, natürlich geht auch ein Wollknäuel aus dicker Wolle.

7.3.1 Spinnennetz mit Namen

Material: Sisal-Wäscheleine oder Wollknäuel

Wir saßen im Kreis auf Stühlen und hatten unser „Guten Morgen, guten Morgen, die Sophie ist da! (jedes Kind wurde genannt) gesungen. Dann reichte ich das Knäuel dem Kind neben mir. Das Kind nannte seinen Namen und reichte das Knäuel weiter, jedes Kind hielt an der Leine fest. Wenn das Knäuel wieder bei mir angekommen war, rollte ich es mit einer Hand zu meinem Gegenüber, sagte den Namen und das Kind sollte dann wieder zu seinem Gegenüber rollen – aber die Leine auch festhalten, was nach einigen Fehlversuchen auch gelang. Auf diese Weise wurde ein Netz gespannt.

Jetzt standen wir alle auf, gingen mit unserem Netz rechts herum, links herum, hielten es tief und hoch. Dann setzten wir uns wieder, hielten das Netz in Kniehöhe und dann durfte eine „Spinne" durch, unter oder wie auch immer zu seinem Gegenüber krabbeln und wählte so die neue Spinne aus.

Dabei konnte ich gut die jeweilige Geschicklichkeit der Kinder beobachten. Abschließend musste die Spinne das Knäuel bis zum Gegenüber wieder aufwickeln. Eine Aufgabe, die auch nicht jedes Kind beherrscht!

Zum Schluss spielten wir das für die meisten Kinder bekannteste Spiel: „Mein rechter Platz ist leer..." Dabei wurden die Namen gleich noch etwas gefestigt.

7.3.2 Herantasten

Material: Große Wolldecke, Therapieball

Nach dem „Guten Morgen" setzten wir uns als Kreis auf den Boden, zogen Schuhe und Strümpfe aus und legten eine Decke über unsere Beine. Manchmal mögen die Kinder an Anfang noch nicht die Strümpfe ausziehen, dann eben mit Strümpfen. Als sich diese Phase sehr lang hinzog, habe ich einfach alle Kinder mit Strümpfen beginnen lassen und dann als Spiel eingebaut, dass sie sich gegenseitig die Strümpfe unter der Decke ausziehen. Das klappte stets hervorragend!

Alle Füße wurden unter die Decke gesteckt. Ein Kind nach dem anderen durfte dann versuchen, andere Füße anzutippen und zu raten, wessen Füße das wohl waren. Meistens verriet sich das Fuß-Kind schon durch Kichern!

Steigerung war dann das Füße-Fangen unter der Decke bis hin zum allgemeinen Strampeln. Abschließend hoben alle Füße gemeinsam die Decke hoch und strampelten sie zur Seite.

In Bauchlage legten sich alle um die Decke herum und nun kamen die Hände unter die Decke. Das Spiel konnte beginnen. Als letzte Aufgabe hieß es: Jeder hält eine andere Hand oder auch zwei andere Hände fest, dann versuchen alle gemeinsam aufzustehen und die Decke weg zu wedeln. Manchmal waren die Kinder ganz erstaunt, wen sie festgehalten hatten!

Abschluss:

Alle Kinder liegen unter der Decke. Darüber rollte ich den großen Therapieball ganz vorsichtig. Wenn sich das anfängliche Kichern gelegt hatte, wurden die Kinder sehr ruhig und genossen es, wenn der Ball auch mit leichtem Druck über sie hinweg rollte.

7.3.3 Vom Finger sortieren zum Vertrauensspiel

Material: Therapieball

Wir setzen uns zu einem engen Stuhlkreis und legen den Therapieball in die Mitte, so dass der Ball nicht wegrollen kann.

- Zunächst möchte meine Hand alle Kinderhände fangen, die auf dem Ball liegen. Mit langsam kreisenden Bewegungen führe ich meine Hand über die Kinderhände hinweg, um dann plötzlich hinab zu sausen. Erst reagieren die Kinder sehr schnell, aber dann – wenn die gefangene Hand die nächste „Sausehand" sein darf – bleiben leicht mal die Hände liegen. Dann kann man das Spiel damit beenden, dass man zu dem Händeturm übergeht (alle Hände aufeinander, die untere immer nach oben) erst langsam, dann immer schneller.
- Zum Lockern und als Fingerübung trommeln und klopfen wir zusammen auf dem Ball herum. Zuerst völlig frei, dann nach und nach mit Auffor-

derungen wie: nur mit der rechten, der linken Hand, der Faust, nur ein Mal, nur drei Mal oder die Anzahl der Schläge wiederholen.

Ich spreche dann sehr rhythmisch:
Wir klopfen jetzt mit der linken Hand, linken Hand, linken Hand – und dann mit der Faust. Wir klopfen jetzt mit der rechten Hand …
Wir tippen mit dem Zeigefinger (alle Finger nacheinander) … und dann mit der Faust.

- Abschließend darf sich ein Kind nach dem anderen auf den Ball setzen, während die anderen seitlich gegen den Ball schlagen, ihn leicht hin und her bewegen. Wenn es den Kindern schon bekannter ist, schließen sie auf dem Ball die Augen oder versuchen sogar, im Schneidersitz auf dem Ball zu sitzen.
- Das ist eine gute Vorübung für das „Vertrauensspiel“:
  Alle stehen in einem engen Kreis beisammen, ein Kind stellt sich in die Mitte, macht sich stocksteif – wenn es mag, schließt es die Augen. Dann wird es behutsam vorwärts, rückwärts geschoben oder auch seitlich. Es ist immer wieder schön zu sehen, wie behutsam die Kinder miteinander umgehen und wie vorsichtig auch kleine Draufgänger dabei sein können.
- Als Belohnung gibt es dann noch eine Massage: Auf den Therapieball lege ich eine Iso-Matte. Ein Kind legt sich auf den Ball und die anderen ziehen an den Mattenenden hin und her. In Bauch- oder Rückenlage ein herrliches Gefühl!

7.3.4 Schwungvolle Zusammenarbeit

Material: Schwungtuch oder Malerfolie oder Rettungs-Alu-Decke, Tennisbälle

- Schon allein das gemeinsame Auf- und Abschwingen bedarf einer guten Zusammen arbeit!
- Durch einen „Wetterbericht“ wird das Tempo bestimmt und durch das Material des Schwungtuches die Geräusch-Kulisse!
- Ein Kind darf sich unter das Tuch legen, auf das Tuch kommen viele Tennisbälle.
- Alle versuchen, die Bälle auf dem Tuch so zu bewegen, dass das Kind davon überrollt wird – eine sehr leichte und angenehme Massage.

- Alle Bälle kommen unter das Tuch. Ein Kind legt sich auf das Tuch und wird damit auf den Bällen bewegt. Diese Massage ist schon etwas kräftiger.

Wenn die einzelnen Übungen auch noch variiert werden, indem z. B. alle das Tuch im Sitzen, in der Bauchlage halten, werden völlig andere Muskelpartien beansprucht. Auch der Blickwinkel verändert sich.

Zum Schluss werden alle Bälle hoch geschleudert. Ich raffe das Tuch zusammen und die Kinder sammeln eifrig alle Bälle in einen Eimer, den ich mal hoch, mal tief halte oder mit dem ich meinen Standort verändere (Orientierung!).

7.3.5 Schwungtuch aus Zeitungspapier

Material: Zeitungspapier, breiteres Tesa-Krepp-Klebeband

Vorausgegangen sind schon einige Stunden, in denen wir mit Zeitungspapier gespielt haben:

- Hüte gebastelt

- „Schneeball-Schlachten“ geschlagen
- Modenschau veranstaltet
- Streifen gerissen, die über eine Schnur gehängt und dann durchlaufen oder abgeworfen werden

Das Papier ist nicht weg geworfen, sondern gesammelt worden – evtl. in alten Bettbezügen, was herrliche Tobemöglichkeiten bereiten kann.

Um ein Schwungtuch aus Zeitungspapier gemeinsam herzustellen, ist sehr viel Absprache nötig und hohe Konzentration. Die Doppelseiten werden zunächst auf dem Boden aneinander gelegt, so dass ein großes Quadrat entsteht. Es darf keine Lücke bleiben. Dann wird es mit dem Klebeband verbunden und zum Schluss noch durch 2 Diagonalen verstärkt und der Rand noch einmal umklebt.

Man sollte viel Zeit dafür haben, damit jedes Kind zu seinem Tempo finden kann und beteiligt ist.

Mit großer Spannung heben wir dann das Tuch vorsichtig hoch und stellen fest: Die Vorsicht ist gar nicht so nötig! Unser Tuch ist erstaunlich stabil und lässt sich wunderbar schwingen.

Man kann alles probieren, was man so mit einem „normalen“ Schwungtuch auch tut: Unter dem Tuch hindurch laufen und die Plätze wechseln z. B. – nur darüber hinweg laufen sollte man nicht!

Auf das Tuch kommen dann die Papier-Schneebälle, die Streifen oder auch Luftballons. Wenn das Zeitungstuch dann „abgespielt“ und etwas lädiert ist, wird alles zusammen geknüllt und ergibt eine Riesenkugel. Auch diese Kugeln sammele ich und benutze sie als Kletter- und Wühllandschaft, wenn genügend zusammen gekommen sind.

8. Sand im Raum

Ein fertig gekaufter Bilderrahmen 50 x 70 und Quarz (Vogel-)-Sand bilden die Grundlage für diese schöne Möglichkeit, der Stillbeschäftigung allein oder auch zu mehreren.

Ich habe die Erfahrung gemacht, dass es zunächst gut ist, einfach das Sandbrett auf einen Tisch zu legen und zu beobachten, wie die Kinder darauf zugehen.

Es wird erst gefühlt, den eigenen Spuren nachgegangen und immer wieder neue werden erfunden, alles wieder glatt gestrichen. Wenn ich dann hinzu trete, frage ich: „Wie findest du das? Wie fühlt sich das an?" und erhalte viele unterschiedliche Antworten.

„Das ist schön! – Was soll man denn damit machen? – Das fühlt sich weich an. – Das ist kalt. – Das kitzelt ..."

Erst dann spielen wir zusammen.

8.1 Schatzsuche (2 – 4 Personen)

Material: diverse kleine Gegenstände wie Murmeln, Bohnen, Erbsen, Muscheln

Teelöffel, Kuchengabeln

- Als erstes suchen wir keine Gegenstände, sondern unsere Finger. Ein Kind hält seine Hand auf das Brett. Ein anderes (oder die erwachsene Person) lässt den Sand auf die Hand hinab rieseln bis sie ganz verdeckt ist. Dann wird ein Finger nach dem anderen „entdeckt". Eine schöne Zuordnungsübung, aber auch Fingergymnastik!
- Augen schließen! Ein Kind versteckt einen der obigen Gegenstände im Sand. Dann dürfen die Schatzsucher mit Löffeln oder Gabeln die Ausgrabung beginnen! Das macht besonders viel Spaß, wenn mehrere Hügel in die Irre führen!

8.2 In den Sand geschrieben (2 – 4 Personen)

Material: evtl. Holzstäbchen, Kuchengabeln, Zahnbürsten, Topfkratzer und alles, was ein „Muster" hergibt

- Jedes Kind sucht sich ein Material aus und tupft, streicht oder bürstet durch den Sand. Es entsteht ein Musterbild.
- Ein Kind beginnt mit einer Linie, ein zweites führt sie fort, ein drittes kann versuchen, einen Gegenstand daraus zu machen. Auf diese Weise kann auch ein Gemeinschaftsbild gemalt werden – einer malt den Baum, die andere das Haus usw.
- Für größere Kinder bietet sich das Wörtermalen an: Ein Kind schreibt den Anfangsbuchstaben, das nächste einen weiteren Buchstaben usw. bis ein Wort entstanden ist!
- Auch Rechenaufgaben lassen sich im Sand lustvoll üben.

8.3 Sandbilder

Material: Muscheln, Steine, Murmeln, Kleine Zapfen, Blätter usw.

- Je nach Jahreszeit können im Sand gemeinsam Bilder gelegt werden oder auch als Einzelbeschäftigung.
- Damit noch mehr Handgeschick ins Spiel kommt, sollen die Gegenstände mit Löffeln, Gabeln oder evtl. Essstäbchen auf den Sand gelegt werden.
- anschließend soll das Material mit Gabeln oder Löffeln oder Pinzette wieder entfernt werden.

8.4 Baustelle

Material: Bauklötze, kleine Autos usw.

Eine schöne Beschäftigung, in der sich viele Förderungsmöglichkeiten verstecken: Handgeschick, räumliches Denken usw. – das Foto spricht für sich.

8.5 Sanduhr

Material: Murmeln, Erbsen, kleine Holzperlen, Schaschlik-Spieße oder bunte Party-Spieße

Zunächst habe ich mit jedem Kind einzeln die Uhrscheibe gelegt, da die Kenntnisse sehr unterschiedlich waren. Aber durch dieses Uhrenlegen entstand ein wirkliches „Begreifen".

Auf diese Weise wurden die Sekunden zwischen den Minuten, die Minuten zwischen den Stunden deutlicher.

Zu zweit oder auch zu viert – jeder legte seine eigene Sanduhr – machte das alles mehr Spaß und konnte sogar zu einem kleinen Wett-Uhrenlegen ausarten.

9. Murmelbahn aus Kartons

Material: Große, stabile Kartons, Plastikschläuche – besonders gut: durchsichtige, große Murmeln oder andere Kugeln, Fingerfarbe, Klebeband, Schneidmesser

Diese Kugelbahnen haben wir im Sommer mit den Kindern gebastelt. Kreuz und quer durch den Karton-Körper wurden die Rohre und Schläuche (ich habe sie beim Installateur geschenkt bekommen!). Überall, wo die Kugeln heraus rollen konnten, stellten wir Eimer auf. Eine schöne Geräuschkulisse boten die Blecheimer und zum Juchzen verleiteten Eimer, die mit Wasser gefüllt waren!

Unsere Kartonbahnen überlebten die gesamte Kindergartenzeit und wurden zum Abschluss sogar versteigert!

ZENTIS

10. Partnerübungen zum Ausgleichen von Haltungsschwächen, Koordination und Körpergefühl mit unterschiedlichen Materialien

Um deutlich zu machen, wie wichtig eine medizinische Abklärung und eigene Beobachtungen sind, beschreibe ich zwei Mädchen aus meiner Arbeit im Taubblindenwerk Hannover:

Silke und Marie schienen auf den ersten Blick völlig unterschiedliche körperliche Voraussetzung mitzubringen. Während Marie wirkte, als strotzte sie vor Kraft, vermittelte Silke den Eindruck, recht schwächlich und zart zu sein.

Maries Körperbau war etwas gedrungen und mit gröberem Knochenbau. Sie war gerade noch als schlank zu bezeichnen, schob ihren Bauch weit vor sich her und fiel stark ins Hohlkreuz. Die Knie hielt sie durchgedrückt, die Beine standen ein wenig x-beinig und die Füße kamen einem Senk-Knickfuß nahe. Marie ging über den großen Zeh und schlurfte.

Silke dagegen war lang und dünn, neigte ebenfalls zum Hohlkreuz und Rundrücken. Aufgrund ihrer stärkeren Sehbehinderung waren ihre Bewegungen nicht so harmonisch und spontan wie die von Marie.

In der Belastung, z.B. beim Sport oder Spazierengehen und Herumtoben, ermüdeten beide gleich schnell. Es zeigte sich, dass Marie zwar energiegeladen, ihre Muskulatur aber ungeübt war. Ihr Krafteinsatz kam zwar schnell zustande, erschlaffte aber ebenso schnell wieder. Silke war zäh und glich die geringere Kraft dadurch aus. Den Haltungstest (im Stand die Arme gestreckt nach vorn in Schulterhöhe ca. 30 sec. halten) absolvierten beide mit dem gleichen Ergebnis: Schon nach 10 sec. fielen beide ins Hohlkreuz und die Arme senkten sich, was beide Mädchen mit dem Hochziehen der Schultern ausgleichen wollten.

Gerade für sehbehinderte Menschen ist eine starke Nacken- und Rückenmuskulatur, sowie ein geschultes Haltungsbewusstsein sehr wichtig. Sie nehmen meistens eine verkrampfte Kopfstellung ein, um die Sehreste besser nutzen zu können oder sie gehen so dicht an den Lesestoff heran, dass die Nase das Blatt berührt und der Rücken tief gebeugt wird. Oder der Kopf muss unnatürlich hoch gehalten und in den Nacken gekippt werden, um einen Gesamteindruck zu erhalten – wie bei Silke. Marie war hochgradig schwerhörig, wodurch ihr Gleichgewichtssystem geschwächt war.

Durch unsicheres Sehen ist die Bewegung unsicher und führt zu häufigem Stolpern oder Fallen und erfordert ein geschicktes Ausbalanäeren. Ein gut trainierter Körper wird mit diesen Anforderungen besser fertig und ermüdet nicht so schnell.

Fazit: Wenn also Kinder im Kindergarten oder der Schule als kleine „Stolperjahne" auffallen, sollten die Augen und die Ohren überprüft werden, damit gezielte Übungen helfen können.
Bei allen beschriebenen Übungen geht es fast ausschließlich um Auge-Hand-Koordination, Körperkontrolle, Wahrnehmung, Reaktion, Wirbelsäulen-Beweglichkeit, Rücken- und Bauchmuskulatur – und immer verbunden mit dem Sozialverhalten.

10.1 Übungen mit dem Luftballon

Luftballons haben einen hohen Aufforderungs-Charakter, tun nicht weh und sehen schön aus. Nicht nur Kinder lassen sich davon herausfordern!

- Jeder bekommt einen Luftballon und spielt für sich allein. Einzige Aufgabe: Der Ball soll nicht auf den Boden fallen.
- Jeder erhält zwei Ballons und versucht es weiter allein.
- Beide sollen alle vier Ballons in der Luft halten
- Ein Ballon soll vorsichtig auf dem Handrücken, der Handfläche, dem Arm usw. balanäert werden
- Die Kinder sitzen sich gegenüber (möglichst im Schneidersitz wegen der besseren Wirbelsäulen-Haltung) und reichen sich einen Ballon vorsichtig zwischen den Zeigefingern, auf dem Handrücken usw. hin und her
- Im Strecksitz reichen sie sich den Ballon mit den Füßen (Höhe und Seite wird verändert)
- Der Ballon wird von einem zum anderen in die Höhe geworfen und sollte gefangen werden (Rücksicht, Kraft und Energie bündeln!)
- Der Luftballon wird an einem Band unter der Decke in Augenhöhe befestigt. Jetzt kann „Federball" gespielt werden, ohne dass man hinter dem nicht erreichten Ballon herlaufen muss. Wieder kommt es auf gute Kraftdosierung und Rücksichtnahme an.
- Ein schöner Abschluss ist die gegenseitige Massage bzw. Abrollen auf dem Rücken.

Eine andere Herausforderung kann man erreichen, indem der Luftballon mit einer Erbse oder ähnlichem gefüllt wird. Dadurch verändert sich sein Flugverhalten und erfordert eine neue Anpassung.

10.2 Tennisbälle und Filmdosen

Diese Materialien sind leicht und kostenlos zu beschaffen – jeder Tennisverein gibt gern abgespielte Bälle ab und z. B. bei Rossmann konnte ich mir nach Anfrage Säcke voll mit leeren Filmdosen abholen.

- Die Kinder sitzen sich gegenüber im Grätschsitz, die Füße berühren sich und bilden einen „Garten". Viele Tennisbälle liegen zwischen ihnen und sollen mit den Händen (später nur mit der linken, der rechten Hand) zum Gegenüber geschoben oder gerollt werden – nicht werfen! Das soll so schnell geschehen, bis ein Kind keinen Ball mehr hat
- Ein kleiner Eimer steht zwischen beiden Kindern, die Bälle sollen hineingeworfen werden – zuerst im Sitzen, dann im Stehen – später halte ich den Eimer in unterschiedlichen Höhen
- Im gegenüber Sitzen versuchen die Kinder, einen Ball zunächst ein Mal aufzuprellen und ihn dann in den Eimer springen zu lassen
- dasselbe im Stehen
- Ein Kind legt sich in Rückenlage auf die Matte, das andere sitzt auf der einen Seite daneben, ich auf der anderen. Das liegende Kind ist die „Hebebrücke" und hebt Po und Becken an, damit der Ball hindurch rollen kann. Wir rollen erst langsam, dann immer schneller.

- Ein Kind liegt in Bauchlage und ist so eine Hebebrücke: die gestreckten Beine hoch, den Po, den Oberkörper, den ganzen Körper. Spannender wird es, wenn versucht wird, wie lange die Haltung beibehalten werden kann und wie viele Bälle nacheinander hindurch rollen können!

- Im ganzen Raum werden **Filmdosen** verteilt, Öffnung nach oben. Darauf legen wir zuerst mit den Händen, später mit den Füßen, einen Tennisball. Mit einem weiteren Ball wird dann gekegelt – auch mit den Füßen geht das!
- Die Kinder setzen sich gegenüber. Eines stülpt dem anderen Filmdosen über die Finger. Die Hände müssen so gehalten werden, dass die Dosen mit den Füßen wieder abgenommen werden können – sich selber und gegenseitig!
- Abwechselnd bauen wir aus den Dosen eine Standfläche, auf die sich ein Kind stellen kann und sich dabei gern helfen lässt
- Beide bauen zusammen einen starken Turm aus den Dosen, den sie gemeinsam zerstören dürfen. Bei jedem Mal wird er höher gebaut – und zum Schluss nicht mehr zerstört.
- Die Dosen werden auf dem Tisch als Pyramide aufgebaut. Dosenwerfen wie auf dem Jahrmarkt kann gespielt werden

- Geschicklichkeit ist erforderlich zum Balanäeren eines Dosen-Türmchens mit den Händen: Wie viele kann man übereinander tragen?
- Auf die Filmdose kommt ein Tennisball – kann man sich damit hinsetzen und wieder aufstehen? Kann man das auch, wenn man in jeder Hand so einen Turm hält?
- Viel Spaß macht es, ein Kunstwerk zu schaffen. Ein Kind steht oder sitzt und das andere „schmückt" es mit Dosen und Bällen auf dem Kopf, der Schulter, den Beinen usw. Das geschmückte Kind hat dabei den durchaus schwierigeren Part: es muss stillhalten!
- Fakir spielen ist beliebt: Ganz viele Dosen werden auf dem Boden verteilt, dann zu einer Körperform geordnet. Darauf kann sich vorsichtig ein Kind legen. Wenn es dann noch mit einem Tennisball abgerollt wird, ist die Übung fast zirkusreif!

10.3 Therapieball

Der Therapieball ist vor allem aus der Bobath-Therapie bekannt, aber auch als „Gerät" für Partner-Haltungsübungen lässt er sich gut einsetzen:

- Ein Kind liegt auf der Matte, das andere darf es mit dem dicken Ball abrollen. Dann wechseln – (Entspannung, Vertrauen)
- Beide Kinder liegen auf der Matte, ich rolle beide zusammen ab und verändere durch Klopfen oder Tupfen oder Tippen auf dem Ball und unterschiedlichem Druck die Wahrnehmungsmöglichkeiten
- Beide liegen auf der Matte, ein Kind mit dem Kopf nach rechts, das andere nach links, die Beine liegen gestreckt nebeneinander. Der Abstand muss so groß sein, dass der Therapieball zwischen den Pos hindurch rollen kann. Beide Kinder liegen auf dem Rücken. Auf Zuruf heben sie die gestreckten Beine und ich rolle den Ball hindurch, die Beine müssen wieder abgelegt werden. Dabei ist sehr darauf zu achten, dass die Kinder nicht ins Hohlkreuz fallen. Tipp: Einatmen, ausatmen und dabei den Bauchnabel auf die Wirbelsäule denken und dann die Beine anheben.
- Der Ball liegt zwischen den Kindern. Die Füße sollen nun an den Ball gestemmt werden und der Ball dadurch gedrückt werden. Es kommt darauf an, dass er nicht wegrollt
- Die Kinder legen die Unterschenkel der Beine auf den Ball und bewegen sich so sanft hin und her
- Die Füße klopfen mit den Zehenspitzen, dann mit den Fersen und auch abwechseln auf den Ball

- Die gestreckten Bein werden über den Ball auf die andere Seite hoben.
- Der Ball wird mit den Füßen und streckten Beinen in die Höhe gehoben und möglichst lange gehalten
- In Bauchlage wird der Ball mit gestreckten Armen mit den Händen so angehoben, dass die Kinder sich ansehen können
- Mit gestreckten Armen soll seitlich am Ball geklopft werden, so gleichmäßig, dass der Ball nicht wegrollt
- Wieder mit gestreckten Armen soll der Ball mit den Händen gehalten und seitlich hin und her bewegt werden – flach über dem Boden
- Im Sitzen liegt der Ball zwischen den gegrätschten Beinen der Kinder. Sie können ihn nun hoch heben, darauf klopfen, tippen, streichen, ihn nach rechts und links heben und sich zwischendurch ansehen.
- Mit dem Rücken gegen den Ball sitzend, fassen sich die Kinder an den Händen und schaukeln sich leicht hin und her
- Sie versuchen aufzustehen und den Ball zwischen sich dabei festzuklemmen
- Ein Kind sitzt mit dem Rücken am Ball, den Kopf auf den Ball gelegt. Das andere Kind schlägt auf den Ball und bewirkt dadurch eine sanfte Massage. Wechseln.
- Beide Kinder sitzen auf dem Ball. Ich klopfe seitlich am Ball.

- Im Stand versuchen die Kinder abwechselnd erst den rechten, dann den linken Fuß auf den Ball zu stellen
- Ein Kind hebt den Ball hoch – vor sich, neben sich, hinter sich oder über den Kopf – das andere Kind schlägt den Ball auf den Boden
- Beide bekommen einen dicken Ball, den sie fest vor dem Bauch halten. Sie spielen „Dicke Ritter“. Aus einem zunächst geringen, dann weiteren Abstand laufen sie aufeinander zu und prallen an den dicken Bäuchen ab. Ganz wichtig für dieses Spiel ist eine gute, gepolsterte Absicherung hinten und an den Seiten, denn zu Beginn fällt es schwer, nur so stark zu schubsen, dass beide auf den Füßen bleiben!
- Viel Vertrauen beweisen sich die Kinder gegenseitig beim Ball-Sitzen: Ein Kind sitzt auf dem Ball (erst mit den Beinen nach unten, später sogar im Schneidersitz). Das andere Kind hält es an den Händen und bewegt es zu allen Seiten (ich sichere nach hinten ab). Besonders ehrenvoll ist es für das haltende Kind, wenn das andere sogar die Augen schließen mag
- Eine Variante ist die Bauch- oder Rückenlage, wobei dann das eine Kind dann die Arme oder Beine hält.

10.4 Tischtennisbälle, Schaumstoffringe, Tücher, Joghurtbecher, Plastikeimer

Wieder „Geräte“, die man kostenlos sammeln kann. Jedes Teil wurde zunächst einzeln erprobt, bevor Verbindungen entstanden.

- Jedes Kind bekommt einen **Tischtennisball** und lässt ihn aufprellen, fängt ihn – wirft ihn hoch, lässt ihn aus der einen in die andere Hand rollen oder fallen, rollt den Ball zwischen den Handflächen
- In einen Reifen (damit die Bälle nicht so schnell wegkullern) werden viele Bälle gelegt. Zuerst legen wir die Hände leicht darauf und rollen auf den Bällen, dann kommen die Füße an die Reihe
- Mit den Füßen versuchen die Kinder, die Bälle hoch zu heben und in einen Eimer zu legen.
- **Schaumstoffringe** (Reste von Rohrumhüllungen z. B.) werden durch den Raum gerollt, sie sollen nicht umkippen (sitzend oder krabbeln)
- Aus den Ringen kann ein Turm gebaut werden – jeder für sich allein oder gemeinsam. Der Turm wird dann mit den Füßen abgebaut. Es geht auch umgekehrt – Aufbau mit den Füßen, Abbau mit den Händen!
- Alle Ringe werden mit den Füßen, möglichst mit den Zehen, in einen Eimer sortiert

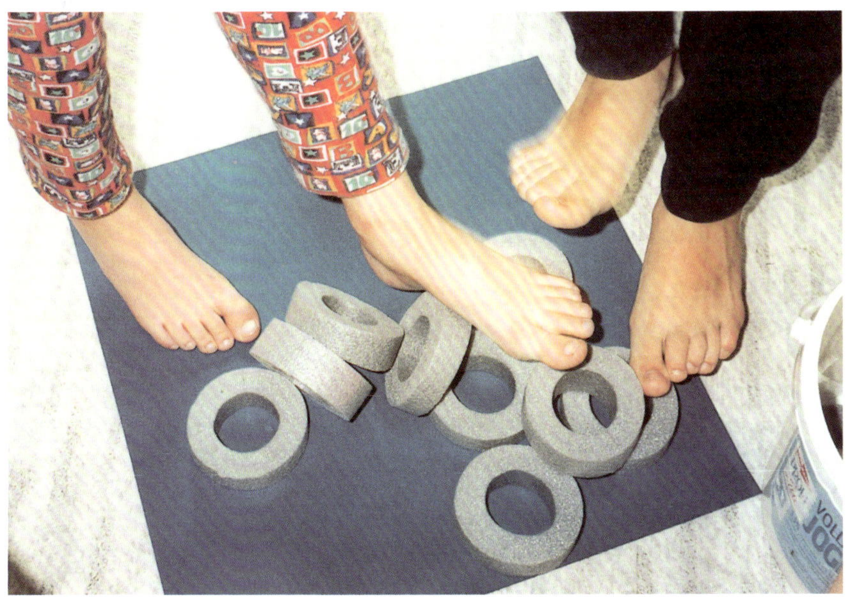

- Auch auf die Finger lassen sich diese Ringe übereinander schichten und können von der einen Hand auf die andere hinüber gleiten – auch von der Hand des einen Kindes auf die Hand des anderen
- Ein verborgener Haltungstest steckt im Schmücken: Das eine Kind steht mit ausgebreiteten Armen aufrecht im Raum. Das andere darf an jeder nur möglichen Stelle einen Ring platzieren. So ausstaffiert soll sich das geschmückte Kind auf den Boden setzen, ohne dass ein Ring hinunterfällt.
- Mit **Joghurtbechern** auf dem Kopf durch den Raum gehen, ist sehr schwierig und erfordert eine gute Haltung. Noch schwerer wird es, wenn man sich auch damit hinsetzen soll!
- Auf jede Hand wird ein Joghurtbecher gestellt, während die Kinder sich setzen, gehen, drehen usw.
- Aus mehrer Bechern wird ein Turm gebaut, der vom Boden aufgenommen und an eine andere Stelle gesetzt werden soll – mit den Füßen ist das riesig schwer
- Mit möglichst **quadratischen Tüchern** (Geschirrtücher eignen sich sehr gut) durch den Raum laufen und die Tücher wie Fahnen wehen lassen
- Bleibt das Tuch vor dem Bauch kleben, wenn man läuft?
- Die Tücher im Sitzen mit den Füßen hochheben, im Stehen ebenso
- Sich auf das Tuch stellen und versuchen, sich darauf zu drehen, vorwärts bewegen, während beide Füße fest darauf stehen bleiben.

Verbindungen:

- Joghurtbecher werden auf dem Boden verteilt. Im Vorbeigehen sollen Tischtennisbälle hineingeworfen werden. Vorsicht! Sie springen leicht wieder heraus oder der Becher kippt um!
- Auf dem Kopf wird ein Becher transportiert, in dem ein Ball liegt
- In die auf dem Boden stehenden Becher werden die Tischtennisbälle mit den Füßen gelegt
- Die Kinder stehen sich gegenüber, jedes hält einen Becher in der Hand. Nun wird damit ein TT-Ball von dem einen Becher heraus geworfen und soll von dem anderen Becher aufgefangen werden. Vorübung dazu: Man lässt den Ball erst im Becher hoch hüpfen und fängt ihn wieder auf.
- Die Schaumstoffringe werden auf dem Fußboden verteilt. Ein TT-Ball kommt in das Loch. Die Kinder holen ihn mit den Füßen heraus
- Auf die umgedrehten Joghurtbecher wird je ein TT-Ball gelegt. Die Kinder legen sich davor und pusten den Ball weg
- Jedes Kind hält mit beiden Händen ein Tuch gut gespannt und transportiert darauf einen Ball, ohne dass er hinunter fällt

unten
ARIELLE

- Die Kinder werfen den Ball mit dem Tuch hoch und fangen ihn auch wieder
- Ein Tuch für zwei Kinder. Das Tuch wird von beiden gespannt gehalten. Der Ball soll zwar hin und her bewegt werden, darf aber nicht hinunter fallen. Auch hierbei ist die Variante spannend, dass die Kinder sich zusammen mit dem Tuch und dem Ball hinsetzen und wieder aufstehen.

Abschluss einer solchen Einheit bildet die Aufgabe mit allen Materialien gemeinsam etwas zu bauen.

11. Körperschema – Körpergefühl

Wenn auffällt, dass Kinder ihre Körperteile nicht richtig benennen können und „ungeschickt“ sind oder auch beim Malen die Extremitäten nicht an den richtigen Platz bringen können, bieten einige Spiele gute Unterstützung:

11.1 Körper-Legespiel

Mit dem Material einer Rhythmikbox z. B. dürfen die Kinder jedes für sich einen Menschen legen – erst ohne irgendeine Anleitung, dann nach „Diktat“. Das wird von Mal zu Mal spannender, wenn durcheinander diktiert wird (erst der Kopf, dann ein Bein …)

Es ist auch gar nicht so einfach, zusammen nur eine Figur zu legen!

Eine Art „Kim-Spiel“: Ich lege eine Figur, die Kinder dürfen sie sich ansehen, dann räume ich alles weg und die Kinder sollen die Figur jeder für sich, später gemeinsam nachlegen.

11.2 Ankleidepuppe

Auf einfache Briefkarten habe ich Kleidungsstücke gemalt: Hemd, Hose, Strümpfe, Schuhe, lange Hose, Pulli usw.
Alle Karten liegen verdeckt in der Mitte des Kreises. In einer Wanne liegen die entsprechenden Kleidungsstücke.

Ein Kind darf in die Mitte als Ankleide-Puppe. Reihum nimmt jeder eine Karte auf, sucht das Kleidungsstück aus der Wanne und zieht es der „Puppe“ an.

11.3 Würfel-Spiele

- **In die Wanne!**
  Eine Plastikwanne steht in der Mitte, alle sitzen darum herum. Mit einem Farbwürfel wird gewürfelt (dann können auch die mitspielen, die noch nicht zählen können). Die Farben werden Körperteilen zugeordnet:
  Rot – die linke Hand
  Blau – die rechte Hand
  Gelb – der linke Fuß
  Grün – der rechte Fuß
  Je nach gewürfelter Farbe müssen die Kinder ihre Hand usw. in die Wanne legen.
  Dieses Spiel verbindet das Farbenerkennen und Geschicklichkeit ebenso miteinander wie das taktile Empfinden und Sozialverhalten – und es macht so richtig Spaß, wenn die Wanne immer voller wird!

- **Hände**
  Ein großes Blatt Papier liegt auf dem Tisch, die Spieler sitzen davor im Kreis. Mitspielen können zwei bis sechs Kinder. Wir brauchen Buntstifte – am schnellsten und leichtesten malen Filzstifte, aber für die Handmotorik ist es besser, Wachsmaler zu verwenden, und wieder einen Farbwürfel.
  Die Farben des Würfels sollten auch als Stifte vorhanden sein. Jedes Kind sucht sich eine Farbe aus und malt damit den Umriss seiner Hand mit den Fingern vor sich auf das Blatt.

  Wer seine eigene Farbe gewürfelt hat, darf einen Finger anmalen. Wer die Farbe eines anderen Kindes gewürfelt hat, verbindet seine Hand von einem Finger aus mit der Hand der entsprechenden Farbe.

  Gewonnen hat derjenige, dessen Hand zuerst ausgemalt ist. Er bewegt den Würfel dann so lange, bis alle fertig sind.

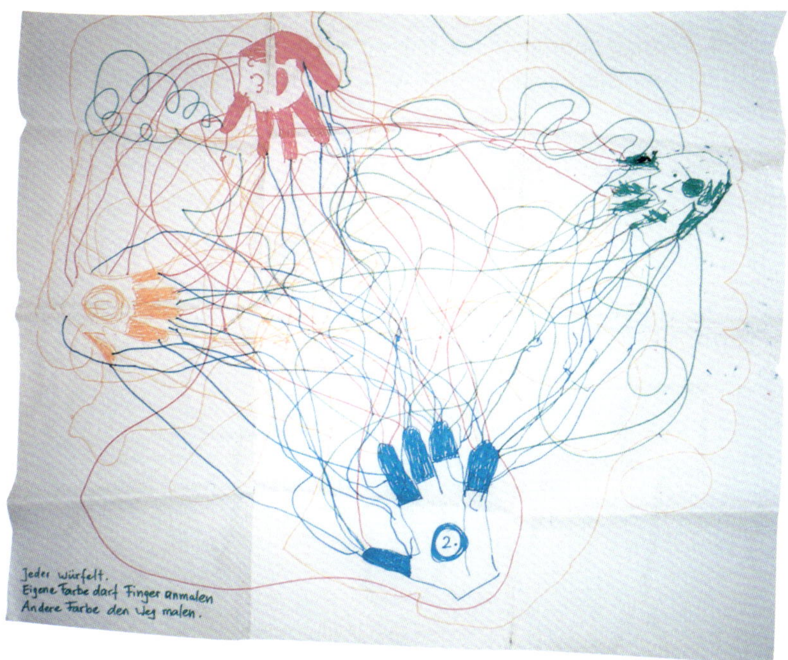

Das obige Spiel lässt sich auch mit den Füßen gestalten. Dabei liegt das Papier natürlich auf dem Boden im Stuhlkreis. Hierfür ist es schön, wenn man einen großen Packpapierbogen hat, der viel Platz bietet. Wenn die Verbindung zu dem anderen Farbfuß nicht durch einen Strich, sondern durch das Malen der Fußumrisse geschieht, entsteht dadurch ein Blatt mit vielen Fußspuren, in denen abschließend herum getapst oder gehüpft werden kann.

Ein großes Durcheinander entsteht bestimmt, wenn die Aufgabe heißt: jeder geht nur in seine eigenen Fußstapfen!

- **Männchen würfeln**

  Wir brauchen für jedes Kind entweder 13 Zahnstocher oder 10 Schnürsenkel und für alle einen Farbenwürfel.
  Folgende Regel wird aufgestellt:
  Grün – ein Zahnstocher wird gelegt
  Rot – ein Zahnstocher muss an den rechten Nachbarn gegeben werden
  Gelb – ein Zahnstocher muss an den linken Nachbarn gegeben werden
  Blau – man darf noch einmal würfeln

Aus den Zahnstochern soll ein Männchen gelegt werden:
4 Teile für den Kopf, je 1 für den Arm, den Körper, die Beine, Füße und Hände.

Wenn Schnürsenkel benutzt werden, ist eine völlig andere Grifftechnik und Geschicklichkeit erforderlich.

Das Männchen kann auch nur mit Farbstiften erwürfelt werden.
Dann gilt, dass nur bei der Farbe „weiß" ein Strich in der gewählten Farbe gemacht werden darf und die anderen Farben zum Ausmalen von Augen, Mund, Haaren oder Kleidung benutzt werden.

11.4 Figuren nachahmen

- Ein Kind stellt sich als Modell in Positur, die anderen versuchen, mit Springseilen usw. die Figur nachzulegen
- Ein Kind erfindet eine Figur, die anderen stellen, setzen oder legen sich ebenso hin
- Ein Kind nimmt unter einer Decke eine bestimmte Haltung dein, die anderen erraten diese durch Fühlen und nehmen die Haltung ein, die sie annehmen gefühlt zu haben

- Ein Kind liegt auf dem Boden, die anderen umlegen den Körper mit Seilen, Bohnensäckchen, Bällen, Stäben, Korken usw. Wenn sie fertig sind, soll das liegende Kind sich vorsichtig aus dem Rahmen erheben
- Zu zweit: Ein Kind liegt auf dem Boden und das andere bedeckt den Körper des liegenden Kindes mit unterschiedlichen Materialien, bis nichts mehr zu sehen ist – dann darf das liegende Kind alles abschütteln und es wird gewechselt
- Ein Kind legt sich auf den Bauch, das andere legt auf einen Körperteil z. B. einen Bauklotz. Das liegende Kind soll angeben, wo es etwas spürt – und vielleicht, was es sein könnte
- Zwei Kinder stehen sich gegenüber. Eines ist der Spiegel und muss alle Bewegungen des anderen spiegelgleich mitmachen
- Die Kinder laufen durcheinander, bis ein Kind die Bewegungsart ändert. Dann müssen alle diese Bewegung aufnehmen – bis wieder einem anderen Kind etwas Neues einfällt.

11.5 Gleichgewicht

- Zwei Kinder sitzen auf je einem Therapieball und versuchen, sich gegenseitig zu schubsen
- Ein Kind sitzt auf dem Ball, das andere steht und schubst das sitzende Kind vorsichtig hin und her
- Ein Kind sitzt im Schneidersitz auf einer Decke, das andere oder auch mehrere Kinder ziehen es in Schlangenlinien durch den Raum
- Ein dickes Tau liegt auf dem Boden. Die Kinder gehen zuerst mit den Innenseiten der Füße am Tau entlang, dann auf dem Tau
- Jedes Kind bekommt drei Bierdeckel und muss sich einen Weg damit bauen, den es nicht verlassen darf. Die Füße müssen immer nur auf einem Deckel stehen.
- Alle Möglichkeiten zum Balanäeren nutzen, z. B. auf den Linien einer Turnhalle laufen, über Stühle klettern, mit Bauklötzen Wege legen und ablaufen

11.6 Kraft steuern

Unausgeglichene Koordination äußert sich meistens in überschüssigem Krafteinsatz. Das sind die Kinder, die als ungeschickt und ruppig gelten. Um ein Gefühl für die eigene Kraft zu entwickeln, eignen sich besonders Ballspiele mit Bällen unterschiedlicher Größe und Materialien (vom Therapie- über den Medizinball bis hin zum Tischtennisball oder Papierknäuel).

- Zwei Kinder prellen einen Therapieball zwischen sich hin und her – später legen wir einen Reifen als Zielpunkt in die Mitte, damit das Prellen gesteuert wird
- Die Kinder rollen sich gegenseitig mit dem Therapieball ab
- Ein Medizinball soll mit beiden Händen, mit einer Hand, mit dem Fuß gerollt werden
- Mit der einen Hand wird ein Medizinball, mit der anderen ein Tischtennisball gerollt
- Alle sitzen im Kreis. Es werden unterschiedliche Bälle von einem Kind zum anderen gereicht, auf Zuruf wird die Richtung geändert
- Auf einem Medizinball liegt ein Tennisball, der mit weiteren Tennisbällen abgeworfen werden soll – erst im Stehen, dann Sitzen, Bauchlage usw.
- Zielwerfen mit unterschiedlichen Bällen durch Reifen, Bilderrahmen, in Eimer oder Kartons
- Luftballonspiele aller Art, denn gerade beim Luftballon kommt es auf das Gefühl und nicht auf die Kraft an
- Ball über die Schnur mit Wasserbällen

- Mit Papierknäuel-Bällen „Haltet den Garten sauber!“ Über eine Schnur (hoch oder tief gezogen) werden jede Menge Papierbälle geworfen. Auf jeder Seite der Schnur versucht die Mannschaft, das Papier so schnell wie möglich wieder zurück zu befördern
- Durch die Hallenmitte wird eine Zauberschnur gespannt, über die Zeitungsbögen oder Zeitungsstreifen gehängt werden. Mit Bierdeckeln sollen sie abgeworfen werden. Das ist sehr schwierig, weil die Deckel nur mit viel Gefühl in die bestimmte Richtung fliegen können.
  Wichtig hierbei: Nur von einer Seite aus werfen und erst wenn alle Deckel verbraucht sind, wird von der anderen Seite aus geworfen. So ein Deckel im Gesicht tut ziemlich weh! Aber bei dieser Aktion können sich die Kinder so richtig verausgaben!
- Das gute alte Tauziehen gehört natürlich auch in diese Rubrik.

12. Spiele zur Unterstützung im Unterricht

12.1 Schreiben

Zum Schreiben wird eine gute Auge-Hand-Koordination und Handgeschicklichkeit benötigt. Die meisten Schreibanfänger verkrampfen sich im Handgelenk und halten den Stift mit solcher Kraft, dass nur eine dünne, zittrige Linie dabei zustande kommt – oder ein Loch im Papier. Ebenso fällt oft eine völlig versteifte Haltung des Schulter-Kopf-Bereiches auf. Es ist besonders wichtig abzuklären, ob die Augen in Ordnung sind!

Mit meinen Angeboten möchte ich den Kindern zu mehr Lockerheit und Entspannung verhelfen.

12.1.1 Katz und Maus als Fadenspiel

Auf dem Spielplatz oder einer Grünfläche, auf der einige Bäume oder Masten nicht zu weit entfernt voneinander stehen, verspannen die Kinder abwechselnd von einem dicken Knäuel Schnüre (dicke Wolle, Wäscheleine, Bootsschnüre). So entsteht ein eingezäuntes Feld. Wenn die Schnüre nur in Höhe der Oberschenkel gespannt werden, haben die Kinder zwei Möglichkeiten, diese zu überwinden:
Unten durch oder oben drüber. Denn jetzt wird eine Katze und eine Maus bestimmt. Nur die Maus darf in die Mitte. Damit es nicht zu schnell geht, machen wir vorher aus, wie viele Umrundungen gelaufen werden sollen. Auf diese Weise kann das Spiel den Fähigkeiten der Kinder angepasst werden.
Das Wickeln der Schnüre lockert die Handgelenke und kräftigt die Fingermuskulatur.

12.1.2 Wettwickeln

Ein Kind wickelt die Wolle eines Knäuels um Stuhl- und Tischbeine oder was sonst dafür geeignet ist, so dass ein kleines Labyrinth entsteht. Darin können die Kinder herum klettern oder krabbeln. Dann wickelt das andere Kind alles wieder ab.

Im Freien, auf dem Spielplatz oder Park und Wald lässt sich so ein munteres Wettspiel gestalten:
Es gibt zwei Mannschaften, eine Stoppuhr, je Mannschaft ein Wollknäuel. Es wird eine „Wickelzeit" vereinbart. Jedes Kind einer Mannschaft

wickelt die Wolle um einen Baum o.ä., dann ist das nächste Kind an der Reihe. Wenn die Zeit abgelaufen ist, muss alles wieder innerhalb einer bestimmten Zeit abgewickelt werden. Die Mannschaft, die am schnellsten gewickelt hat, ist natürlich Sieger.

Wenn man Sieger vermeiden will, kann trotzdem die Zeit eine Rolle spielen. Dann wird die Wolle von beiden Mannschaften auf die gleiche Weise verwickelt, aber möglichst sollen sich die Linien der Mannschaften kreuzen. Dadurch entsteht ein richtiges Spinnennetz, in dem sich herrlich „Fangen“ spielen lässt!

12.1.3 Mäuserennen, Autorennen ...

Wieder ein Wettwickeln, nur eine andere Form. Jedes Kind bekommt einen Stock oder Bleistift, um den eine Schnur gewickelt ist. Am Ende der Schnur hängt eine Pappmaus, ein kleines Auto usw., die „Mäuse“. Alle Mäuse werden auf eine Startlinie gesetzt. Nun müssen auf Startzeichen die Schnüre so schnell abgewickelt werden wie möglich. Dabei gehen die Kinder rückwärts. Wer an der gegenüberliegenden Seite angekommen ist, hat gewonnen – aber dann geht es anders herum: Die Kinder bleiben stehen und die Schnur muss wieder aufgerollt werden, bis die Maus am Stock hängt.

12.1.4 Finger sortieren

Der Therapieball liegt in der Mitte des Stuhlkreises und wird durch die Beine aller Sitzenden gehalten. Nach dem Lied „Jonny taps with one finger“ gebe ich das Tempo vor:

„Alle tippen jetzt mit einem Finger, einem Finger – und dann mit der Hand.
Alle tippen mit dem Daumen, dem Daumen – und dann mit der Faust.“

So kommt ein Finger nach dem anderen an die Reihe. Wem es nicht gelingt, den gewünschten Finger einzeln zu bewegen, darf mit den Fingern der anderen Hand die „falschen“ Finger festhalten.

Danach setzen wir uns auf den Boden, legen ein großes Stück Papier zwischen uns. Fingerfarben in kleinen Näpfchen stehen bereit. Ähnlich wie beim Ball-Tippen stecken wir den aufgerufenen Finger zuerst in eine

Farbe, dann tippen wir auf das Papier – so lange bis der nächste Finger gerufen wird. Es entsteht ein kleines Kunstwerk.

12.1.5 Pinzettengriff

Wir brauchen eine flache Dose mit einem kleinen Loch in der Mitte, durch das eine getrocknete Erbse (8 Muggelsteine, Perlen usw.) passt und einen kleinen Holzkreisel.

Der Kreisel wird auf dem Tisch gedreht. So lange er sich bewegt, müssen nun die Erbsen in das Loch gesteckt werden. Ist das Drehen zu Ende, werden die Erbsen gezählt. Das nächste Kind ist an der Reihe.

12.1.6 Buchstaben erkennen

Wir haben Bleischnüre (Gardinenhandel) in unterschiedlichen Längen. Ich forme mit meinen Lippen einen Buchstaben. Die Kinder sollen versuchen, den Buchstaben zu erkennen und ihn mit den Schnüren zu legen.

Ein Kind nach dem anderen benennt dann einen Buchstaben, den die anderen legen.

Eine erweitere Übung entsteht, wenn die Schnüre mit den Füßen gelegt werden sollen! Dann ist außer dem Handgeschick noch das Gleichgewicht und die Rückenmuskulatur gefragt.

Gemeinsam können die Kinder ein ganzes Wort legen.

12.2 Themen-Würfel-Spiele

Bei diesen Spielen wird vom „Ernst" des Schreibens und Malens abgelenkt und die Auge-Hand-Koordination geschult.

Aus allem, was in der Kindergruppe passiert kann man ein solches Spiel machen. Lediglich Papier, Malstifte und ein Würfel sind nötig.

12.2.1 Gruß an einen Kranken

In die Mitte des Blattes wird das Krankenbett gemalt. Jedes Kind malt an seinem Platz eine Blume. Nun wird gewürfelt und in der gewürfelten Farbe wieder eine Blume in Richtung Krankenbett gemalt, bis das Krankenbett umgeben ist von einem Blumenmeer. Die Dauer des Spieles können die Kinder selbst bestimmen.

12.2.2 Ostern

In die Mitte des Blattes werden ein Hase, ein Ei, eine Blume und Gras gemalt in je einer Farbe des Würfels. Jedes Kind hat sein Haus vor sich gemalt. Würfelt es nun die Farbe des Hasen, darf es einen Hasen neben sein Haus malen usw.

So lässt sich auch Weihnachten, Geburtstage oder Ferien ermalen und würfeln.

… nach Hause fahren – Ferien

13. Rechnen

Die Scheu vor den Zahlen lässt sich durch Bewegung und Spiel abbauen. Die bereits erwähnten Würfelspiele tragen z. B. auch dazu bei, wenn anstelle eines Farbenwürfels nun ein Punktewürfel verwendet wird.

13.1 Wie viele passen in ein Haus?

Auf dem Boden verteilt liegen Reifen. Die Kinder laufen herum und stellen sich in der aufgerufenen Anzahl hinein. Weitere Möglichkeiten: Wie viele Hände, wie viele Füße usw.

Erweiterung: auf Zuruf sollen Filmdosen, Bälle, Korken usw. hinein gelegt werden. Das Aufräumen erfolgt ebenfalls durch abzählen – jetzt von den Reifen in die Kisten.

Daraus können auch Plus- und Minus-Aufgaben werden:

„Legt drei Filmrollen in jeden Reifen!“ – Es wird danach herumgelaufen (ich nehme gerne Musik dazu), dann der nächste Zuruf:

„ Aus drei soll sechs werden!“ Die Kinder müssen nun drei weitere Teile in den Reifen legen.

Das lässt sich je nach Wissensstand ausspielen.

13.2 Zahlen lernen

Auf kleinen Blättern auf dem Tisch – besser mit Bewegung: auf dem Fußboden – sollen Filmdosen oder Korken oder Muggelsteine zu Zahlen gelegt werden. Die Zahlen werden mit den Fingern oder durch die Punkte des Würfels genannt.

13.3 Treppenstufen

Treppenstufen eignen sich hervorragend zum Rechnen für Kleinere! „Geh drei Stufen hinauf und eine Stufe hinunter. Wie viele Stufen liegen hinter dir?“ (Ganzkörper-Rechnen!) Man kann auch auf jede Stufe einen Gegenstand legen, dann ist das Feld übersichtlicher und „begreifbarer“.

13.4 Stopp 100

Es gibt zwei Sätze DIN A4 Kartons mit den Zahlen 1-20 und ca. je zehn Karten mit Plus und Minus und zwei Gruppen. Ich lasse Musik laufen, zu der man flott durch die Halle oder den Raum laufen kann. Bei Musikstopp dürfen die Kinder je eine Zahl nehmen und sie in eine Reihe legen.

Zwischen jede Zahl soll Plus oder Minus gelegt werden. Die Aufgabe ist, so schnell wie möglich 100 zu errechnen. Also ein Kind der Gruppe beginnt mit 5, das nächste legt eine 10. Dazwischen legt ein anderes Kind das Plus-Zeichen. Ergebnis: 15 und weiter geht es.

Für größere Kinder können dann auch multiplizieren und dividieren dazu kommen.

14. Sprachförderung

Das wichtigste Mittel zum gemeinsamen Miteinander ist die Sprache – bei hörgeschädigten Kindern die Gebärdensprache. Sprache erlernt ein Kind „nebenbei" – wenn es genügend Anreize findet. In Kindergärten und Schulen werden aber immer mehr Defizite festgestellt, die teils in der sozialen Struktur (Ausländerfamilien und geringe Bildung), teils aber auch in Wahrnehmungsstörungen (körperlich oder geistig) begründet sind.

Wenn ein Kind auffällig ist, sollte z. B. abgeklärt werden, ob die Ohren in Ordnung sind.

Sprechen zu wollen entsteht aus dem Wunsch, mit anderen in Kontakt treten, Wünsche und Gefühle äußern zu wollen. Man muss sein Gegenüber wahrnehmen, es ansehen, sich bemerkbar machen, wenn man mitreden will. Ein Kind, das Berührungen vermeidet, hat große Schwierigkeiten, Kontakt aufzunehmen. Hier wäre der erste Schritt einer Sprachförderung die Förderung der Wahrnehmung von Berührtwerden und Berühren.
Auch eine schlaffe Mundmuskulatur (Frühgeburten, Sondenernährung, keine Saugerfahrung) kann der Grund für eine unzureichende Sprachentwicklung sein.

Unter solchen Voraussetzungen machen diese Kinder schlechte Erfahrungen – man versteht sie nicht und wendet sich ab – und sie ziehen sich zurück.

14.1 Pusten

Wie stolz ist ein kleines Kind, wenn es ihm gelungen ist eine Kerze auszupusten! Wem das nicht gelingt, braucht Hilfe, denn das Pusten ist eine der vielen Voraussetzungen für eine gute Sprache – Mundmotorik.

14.1.1 Mit Watte

Zwei Kinder sitzen sich am Tisch gegenüber. Durch ein Klebeband wird die Fläche halbiert. Die Kinder pusten einen Wattebausch hin und her bzw. sollen durch Gegenpusten verhindern, dass der Wattebausch in ihr Spielfeld gerät.

Mit mehreren Wattenbällchen wird es lustiger und ist eine „Tischform" von dem Spiel „Haltet den Garten sauber".

14.1.2 Mit Tischtennisbällen

Die Bälle sollten in einen Rahmen (z. B. aus Rhythmikhölzern) gelegt werden, damit sich nicht vom Tisch kullern. In diesem Rahmen ist an einer Seite eine Öffnung, durch die die Bälle hindurch in einen auf dem Boden stehenden Eimer gepustet werden sollen.

Aus dem Boden in Bauchlage wird der Ball hin und her gepustet, was gleichzeitig eine gute Übung zur Stärkung der Rückenmuskulatur ist.

14.1.3 Mit Luftballons

Als Gruppenspiel: Mehrere Luftballons sollen unter einer Zauberschnur hin und her gepustet werden – ebenfalls „Haltet den Garten sauber“!

14.1.4 Bilderpusten

Ein großes Blatt wird auf den Tisch gelegt (geht aber auch auf dem Fußboden, nur anstrengender!). Darauf kommt ein Klecks recht flüssiger Tusche. Alle Kinder pusten die Farbe über das Blatt, ein weiterer Farbklecks kommt dazu usw. – bis ein Bild entstanden ist und wir gemeinsam überlegen, was es wohl sein könnte.

14.2 Lippengymnastik

Die Beweglichkeit der Lippen zu trainieren, macht mit Spielen besonders viel Spaß:

Apfel fischen
In einer Schale mit Wasser schwimmen dünne Apfelscheiben, die mit den Lippen herausgefischt werden sollen.

Gummibärchen aus einem mit Mehl gefüllten Teller mit dem Mund herausholen, ist eine etwas staubige, aber lustige Sache – vor allem, wenn man dabei lachen muss!

Lecken – das Ablecken von Rührlöffeln beim Kuchenbacken, Anlecken von Buntpapier oder Briefmarken ist eine gute Zungenübung. Hinzu kommen Kaugummi kauen, Bonbons lutschen und die Lippen mit der Zunge ablecken.

14.3 Grimassentanz

Die Anleitung zu diesem Tanz findet man bei fidula fon. Die Musik ist so aufgeteilt, dass zur Musik alle im Kreis herum tanzen und zur Pause ein Kind in die Mitte geht und eine Grimasse schneidet. Meinen Kindern hat es aber auch Spaß gemacht, zur Pause zu zweit gegenüber zu stehen und sich gegenseitig Grimassen zu zeigen.

15. Wasserspiele

Materialien: Schwungtuch, Begrenzungskette, Luftballons, Tischtennisbälle, Wasserbälle, große Joghurtbecher, kleine Plastikeimer, Rasierschaum

Auch vor dem Schwimmbad macht die psychomotorische Phantasie keinen Halt!
Gerade für die Wassergewöhnung lassen sich erlebnisreiche Stunden planen. Ich hatte die Möglichkeit, ein Lernschwimmbecken mit verstellbarem Boden nutzen zu können – aber auch im Nichtschwimmerbecken oder Kleinkind-Bereich kann man sich gut bewegen.

Ziele sind:

Das „Material" Wasser kennen zu lernen
Spaß und Freude vermitteln
Angst überwinden
Fantasie anregen
soziales Verhalten erlernen

Zu Beginn einer Wasserstunde marschieren wir gemeinsam um das Becken im Gänsemarsch herum – dazu ein kleines Liedchen singen, z. B. „ Alle meine Entchen" oder für größere vielleicht: „Pack die Badehose ein, nimm die Anna an die Hand, und dann ab ins Schwimmbad!"

- Alle klettern ins Wasser, verteilen sich am Rand, halten sich fest und strampeln mit den Beinen – erst in Rückenlage, dann in Bauchlage.
- Wir fassen uns zur Schlange und gehen vorsichtig durch das Wasser zu einer Beckenseite
- wir gehen, hüpfen, laufen von einer Seite zur anderen
- paarweise dasselbe
- ein Kind zieht das andere an den Händen durch das Wasser
- Jedes Kind nimmt sich einen am Beckenrand liegenden **Joghurtbecher oder kleinen Eimer**. Zuerst begießt sich jedes Kind selber, dann dürfen sie sich gegenseitig begießen, müssen aber akzeptieren, wenn ein Kind das Wasser nicht über den Kopf haben möchte!
- Ich werfe dann **Tischtennisbälle** ins Wasser. Das sind unsere Fische, die nun mit Eimern und Bechern gefangen werden sollen
- die **Begrenzungskette** wird zum Kreis gelegt, jedes Kind fasst dort an und wir gehen im Kreis
- jedes zweite Kind legt sich auf das Wasser, während es die Kette festhält – wieder gehen wir im Kreis. Die liegenden Kinder schweben. Wechsel.

- jedes zweite Kind setzt sich auf die Kette, die anderen schaukeln die Sitzenden – wenn sie schon vertrauter mit dem Wasser sind, lassen sie sich in die Mitte plumpsen!
- Wir nehmen ein kleines **Schwungtuch** in die Mitte. Alle halten fest und versuchen, das Tuch zu schwingen – geht nicht so einfach wie in der Luft!
- Wir spielen **Waschmaschine**: Ein Kind legt sich auf das Schwungtuch, sagt an, welches Wäschestück es ist: Pullover – Schongang oder Hemd – Vollwaschgang. Zuerst wird das Wäschestück vorsichtig eingeweicht – das Tuch langsam hin und her bewegt. Beim ersten Waschgang wackelt das Tuch schon gut auf und ab und durcheinander, beim Hauptwaschgang dann starker Wellengang! Zum Abschluss wieder vorsichtiges Spülen – und das Wäschestück ist sauber. Der nächste bitte!
- Auf das Schwungtuch und das Wäschekind werden **Luftballons** (Waschkugeln!) geworfen. Mit diesen Ballons und dem Kind dann wieder Hauptwaschgang usw., aber zum Abschluss gehen wir mit dem Tuch zusammen weit in die Mitte, so dass das Kind von den Ballons voll verdeckt ist. Es darf dann strampeln und mit den Armen und den Beinen die Ballons weg stoßen.

- **Die Luftballons** liegen nun im Wasser und können von den Kindern über die Wasserfläche gepustet werden. Jedes Kind sollte zunächst nur seinen eigenen Luftballon pusten, erst später dürfen alle durcheinander gepustet werden. Dabei fällt es den Kindern nicht schwer, das Gesicht auch mal unter der Wasseroberfläche zu haben!
- Mit der Begrenzungskette und den Luftballons spielen wir wieder „Haltet den Garten sauber"

Viel Freude macht den Kindern das Spiel **„Kleine Fische"**
Dazu lege ich die Begrenzungskette zu einem Kreis in die Mitte des Beckens – das ist der Teich. Um den Teich herum ist das Meer.

Sprechgesang:
„Die kleinen Fische (evtl. die Anzahl der Kinder nennen), die schwimmen im Meer.
Da sagt der eine „Ich mag nicht mehr. Ich wär` so gern in einem kleinen Teich, denn im Meer, da schwimmt der Hai und der frisst mich gleich!"

- und schwupp, schwimmt der Fisch in den Teich –
  Das wird so lange wiederholt, bis nur noch ein Kind übrig ist. Das ist dann der große Hai.

Sprechgesang:
Ein großer Hai, der schwimmt im Meer.
Er sagt zu sich: „Ich mag nicht mehr,
ich wär` so gern in einem kleinen Teich,
denn da gibt es viele Fische
und die fresse ich gleich!"

- und schwupp, ist der Hai im Teich! Die Kinder müssen versuchen, wieder ins Meer zu gelangen. Wenn alle draußen sind, geht das Spiel anders herum, dann mag der Hai nicht mehr im Teich sein …

Anschließend unter der Dusche ist es eine herrliche Entspannung, wenn sich die Kinder gegenseitig mit **Rasierschaum besprühen** dürfen und sich Rücken und Schultern massieren.

Wenn man auch bei größeren, schon schwímmenden Kindern hin und wieder eine solche Wasserspiel-Stunde einbaut, macht das Lernen von Schwimmstilen usw. wieder mehr Freude!

Literatur

- **Kiphard, Ernst J.:** Psychomotorik in Praxis und Theorie – Flöttmann, Gütersloh 1994
- **Köckenberger, Helmut:** Bewegungsspiele mit Alltagsmaterial borgmann publishing, Dortmund 1991
- **Kraus, Ursula:** Im Schneckentempo verlag modernes lernen, Dortmund 2001
- **Doering, Waltraut und Winfried:** Sensorische Integratiion, borgmann publishing, Dortmund 1996
- **Wendler, Irmischer, Hammer:** Psychomotorik im Wandel, akl o. Jg.
- **Pütz, Lensing-Conrady,Schönrade, Beins,Beudels:** An Wunder glauben, borgmann publishing, Dortmund 1998

Musik

- **fiulafon, Boppart/Rh.:** Kindertänze